METÁFORAS DA
TRADUÇÃO

Dirce
Waltrick
do Amarante

METÁFORAS DA
TRADUÇÃO

ILUMI//URAS

Copyright © 2022
Dirce Waltrick do Amarante

Copyright © desta edição
Editora Iluminuras Ltda.

Capa e projeto gráfico
Eder Cardoso / Iluminuras
sobre ilustração de Sérgio Medeiros

Revisão
Júlio César Ramos

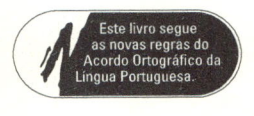

Este livro segue
as novas regras do
Acordo Ortográfico da
Língua Portuguesa.

CIP-BRASIL. CATALOGAÇÃO NA PUBLICAÇÃO
SINDICATO NACIONAL DOS EDITORES DE LIVROS, RJ
A52m

    Amarante, Dirce Waltrick do
      Metáforas da tradução / Dirce Waltrick do Amarante. - 1. ed. - São Paulo :
Iluminuras, 2022.
      132 p. ; 21 cm.

    ISBN 9786555191608

      1. Linguagem e línguas. 2. Tradução e interpretação. I. Título.

22-78470   CDD: 418.02
                  CDU: 81'25

Gabriela Faray Ferreira Lopes - Bibliotecária - CRB-7/6643

2022
EDITORA ILUMINURAS LTDA.
Rua Inácio Pereira da Rocha, 389 - 05432-011 - São Paulo - SP - Brasil
Tel./Fax: 55 11 3031-6161
iluminuras@iluminuras.com.br
www.iluminuras.com.br

SUMÁRIO

Apresentação, 9
Walter Carlos Costa

Nota introdutória, 13
Dirce Waltrick do Amarante

METÁFORAS DA TRADUÇÃO

A tradução e o espelho, 17

De volta para o espelho, 25

Os tradutores como stalkers e como profanadores, 31

As pernas da tradução, 39

O tradutor em cena, 47

Tradutores como atores e mágicos, 51

Alice no cinema: uma recriação de Jan Svankmajer, 61

Eco, Juno, Narciso e a tradução, 69

Aceitação e rejeição do tradutor, 75

Frankenstein e o tradutor, 79

O cansaço na tradução, 89

A revolução dos títulos, 93

Traduzindo o teatro indígena, 99

Resistência e performance: traduzindo os poemas
        da artista chilena Cecilia Vicuña, 105

A crítica da tradução nas mídias comerciais, 115

Tradução de *Ulisses* no Brasil, 125

Sobre a autora, 131

Apresentação
Walter Carlos Costa

Dirce Waltrick do Amarante tem uma intensa vivência com a tradução literária. Grande leitora de literatura traduzida e tradutora ela própria, além de escritora e crítica, foi desenvolvendo ao longo dos anos uma reflexão pessoal sobre o texto traduzido. Este livro, que tenho o prazer de apresentar, retoma algumas de suas ricas meditações sobre vários aspectos da atividade tradutória.

O título, *Metáforas da Tradução*, retrata bem o seu enfoque das grandes questões tradutórias. Na breve "Nota introdutória", Dirce retraça seu percurso de leitora e produtora de tradução e de sua aproximação progressiva à teoria. Lembra, muito oportunamente, que a tradução "é também sociologia, política, arte". Os ensaios combinam comentários de traduções, alheias e próprias, sob a luz de textos teóricos e críticos clássicos e recentes.

No ensaio "A tradução e o espelho", uma citação do conto "A dama no espelho", de Virginia Woolf, abre espaço para uma indagação sobre a complexidade do título *Finnegans Wake*, de Joyce, aberto a várias interpretações porque condensa, em duas palavras, o experimento radical e multilinguístico joyciano. Evocando as soluções criativas elaboradas por Augusto e Haroldo de Campos (*Finnicius Revém*) e por Afonso Teixeira Filho (*Renatos Avelar*), Dirce

lembra que ambas não retomam a balada *Finnegan's Wake*, provável intertexto de Joyce. No mesmo ensaio, são evocadas diferentes soluções para "O Gato e o Diabo", conto escrito por Joyce para seu neto Stephen, em três traduções para o português brasileiro: Antonio Houaiss (1980), Lígia Bojunga Nunes (2012) e a própria Dirce (2013).

Em "De volta para o espelho", Dirce comenta, a partir de observações de Paul Valéry, uma omissão voluntária do tradutor, por razões de síntese, na tradução de Augusto de Campos do poema "Espelho", de Sylvia Plath.

"Tradutores e mágicos" é dedicado a vários representantes da cultura polonesa, que Dirce conhece através de traduções. Desfilam no ensaio Tadeusz Kantor, Bruno Schulz, Witold Gombrowicz, Anna Świrszczyńska, Anna Swir e os tradutores Jacó Guinsburg, Tomasz Barcinski e Piotr Kilanowski. É uma viagem intelectual-sentimental pela literatura polonesa, enriquecida pela reflexão sobre o papel dos tradutores de textos teóricos, de testemunho, ficcionais e poéticos que aproximam, de modo exemplar, o mundo artístico e literário da Polônia e do Brasil.

O cinema é uma presença constante neste livro. Em "Alice no cinema: uma recriação de Jan Svankmajer", Dirce ressalta a originalidade do cineasta tcheco, sublinhando seu parentesco com a estética de Samuel Beckettt.

Em "Aceitação e rejeição do tradutor", Dirce aborda brevemente a polêmica em torno da tradução da jovem poeta negra estado-unidense Amanda Gorman, que teve vários de seus tradutores dispensados pelas editoras por pressões externas, pelo fato de serem brancos e homens.

Dirce aproveita a ocasião para considerar, de forma matizada, as traduções brasileiras de Chimamanda Ngozi Adichie, Virginia Woolf e a tradução para o inglês de *Quarto de despejo*, de Carolina Maria de Jesus.

O método singular de Dirce mostra suas virtudes em "Frankenstein e o tradutor", em que, a partir de uma citação de Alberto Manguel, são analisadas as traduções de Fernando Pessoa, Machado de Assis e do Google Tradutor de "The Raven", de Edgar Alan Poe, utilizando observações de Ivo Barroso, Paulo Rónai, Haroldo de Campos e Cyril Aslanov. Esse percurso crítico-teórico desemboca em uma comparação do tradutor com o protagonista do romance *Frankenstein*, de Mary Shelley. Para a autora, Frankenstein representa "um exemplo de tradutor que apenas junta uma palavra a outra, sem considerar a construção poética do texto".

Este livro examina também o papel da editora nas decisões tradutórias, um fator central e frequentemente desconsiderado na crítica da tradução. Em "A revolução dos títulos", Dirce reconstitui as peripécias editoriais de duas traduções brasileiras de *Animal Farm*, de George Orwell. Neste caso, entre as decisões tomadas pela editora, e não pelo tradutor, estão o título e o posfácio.

Dirce aborda também a questão da tradução da "arte verbal indígena", lembrando que, nela, "não há separação entre música, dança, mito, pintura, religião, sociologia".

Os últimos dois ensaios do livro são dedicados a duas questões importantes, pouco estudadas pela crítica da tradução. No penúltimo, "A crítica da tradução nas mídias

comerciais", Dirce trata das resenhas de livros traduzidos na grande imprensa e se detém em um caso representativo: a resenha de Gerald Thomas sobre *Companhia e outros textos*, de Samuel Beckett, na tradução de Ana Helena Souza, publicada no jornal *Folha de S. Paulo* em 21 de abril de 2012. É uma minuciosa crítica da crítica, em que Dirce defende as opções da tradutora e discute certos questionamentos de Gerald Thomas.

No último ensaio, Dirce faz um balanço crítico das três traduções de *Ulisses*, de James Joyce, para o português brasileiro: Antonio Houaiss (1966), Bernardina Pinheiro (2005) e Caetano Galindo (2012). Para ela, "nas três traduções brasileiras, há ganhos e perdas; todas têm momentos inspiradíssimos e momentos em que os tradutores ficaram tímidos diante da força da imagem joyciana". No entanto, para ela "é curioso que a tradução da Bernardina, na história da tradução de *Ulisses* no Brasil, tenha ficado em terceiro plano", o que refletiria a domínio dos homens no mundo da imprensa, das letras e das artes. Para Dirce, as mulheres "participam desse mundo em menor número e ainda parecem seguir as regras dos seus superiores masculinos".

Concluindo, cabe dizer que *Metáforas da tradução*, de Dirce Waltrick do Amarante, é um livro escrito com rigor, inteligência e sensibilidade. É um livro que será lido com proveito e prazer tanto por estudiosos da tradução como por tradutores, escritores, jornalistas e pelo público em geral.

Nota introdutória

Dirce Waltrick do Amarante

Comecei a refletir sobre o processo tradutório em 1999, enquanto lia com Sérgio Medeiros a versão para o português brasileiro do primeiro capítulo de *Finnegans Wake*, de James Joyce, assinada por Donaldo Schüler. Cada palavra dava inúmeras possibilidades de tradução; consequentemente, cada escolha deixava de fora várias outras possibilidades. Num primeiro momento, vi que a tradução era perda; porém, à medida que a leitura prosseguia, constatei que a tradução era feita tanto de perdas como de ganhos, implicando não apenas derrotas mas também importantes vitórias. O fato é que sem a tradução eu não teria me aproximado de *Finnegans Wake*, um romance considerado ilegível e intraduzível.

A certo momento, eu mesma passei a traduzir o romance de Joyce, além de textos de outros autores. É claro que cada decisão tradutória que eu tomava partia de uma reflexão. A teoria da tradução estava ali, na prática da tradução, ainda que eu não soubesse disso. Mas fui me aproximando da teoria e percebi que a tradução extrapola a simples versão do texto de uma língua para outra: ela é também sociologia, política, filosofia, arte...

Umberto Eco dizia que "a tradução é a língua da Europa". Aproveito para acrescentar que a tradução deveria ser a

língua do mundo, pois é por meio dela que se conhecem outras culturas e novas formas de pensar e de sentir.

Se o meu ponto de partida são metáforas, é porque almejei propor, nestes ensaios, modelos diversificados do trabalho do tradutor. Definições metafóricas, como bem lembra Antoine Berman, citando Mounin "e suas *Belas Infieis*", proliferam[1], mas espero que as propostas de metáforas que sugiro não sejam tão negativas quanto àquelas citadas por Berman em *A tradução e a letra ou o albergue do longínquo*.

---

[1] Berman. Antoine. *A tradução e a letra ou o albergue do longínquo*. Rio de Janeiro: 2007 41

METÁFORAS DA
TRADUÇÃO

A tradução e o espelho

Será que poderíamos comparar o leitor de um texto traduzido ao narrador do conto "A dama no espelho", de Virginia Woolf, o qual, "das profundezas do sofá na sala de estar [...], podia ver refletidos no espelho italiano não apenas a mesa com tampo de mármore do lado oposto, mas também [...] uma longa trilha de grama que seguia por entre carreiras de flores altas até que, fazendo uma curva, a borda dourada a amputava"?[2] Viria o texto traduzido emoldurado em uma borda dourada, tal como o espelho de Woolf, de modo que algo dele sempre escape, ficando o leitor sem saber o que vem depois da curva? Refiro-me aqui particularmente à tradução de textos criativos, pois me pergunto se nesses casos poderia o texto traduzido dar conta de todas as imagens e sonoridades do texto de partida, ou se nele uma borda dourada impede o leitor de ver depois da curva.

Como traduzir, por exemplo, o título do último romance de James Joyce, *Finnegans Wake*, sem deixar de emoldurá-lo numa borda dourada? *Finnegan's Wake* com apóstrofo é o nome de uma balada irlandesa tradicional, que conta a história de um pedreiro, Tim Finnegan, que cai da escada e ressuscita, em seu velório, com uma gota de uísque. Mesmo uma tradução literal não daria conta da palavra *wake*, que significa "despertar" e "velório".

---

[2] WOOLF, Virginia. *A arte da brevidade*: contos. Seleção e tradução: Tomaz Tadeu. Belo Horizonte: Autêntica, 2017, p. 81.

Finnegan é um sobrenome de origem celta, Fionnagán. Em gaélico, *finn/fionn* significa "louro, branco"; án é um sufixo diminutivo. Obviamente num livro como *Finnegans Wake*, que mistura aproximadamente 65 idiomas e condensa duas ou mais palavras em uma, podemos pensar que *Finnegan* é uma palavra composta pelos vocábulos *fine*, do latim, *fim*, e *again*, do inglês, novamente. No título do livro de Joyce, Finnegans está no plural e *wake* (despertar/ acordar) é um verbo. Então seriam os muitos Finnegans que despertam.

Em português, o título poderia ser algo como *Os Finnegans despertam*. Mas, ao optar por essa tradução, afastamo-nos do título da balada irlandesa e da duplicidade embutida na palavra *wake*.

Haroldo e Augusto de Campos traduziram o título do livro como *Finnicius Revém*, título adotado também por Donaldo Schüler. Nele temos *fim*, do latim, e o revém lembraria o verbo *reveiller* (acordar) e *rêver* (sonhar) em francês, além do verbo vir, em português. Mas o que lembraria o nome da balada irlandesa e onde estariam o louro/branco da palavra *finn/fionn* em gaélico?

Afonso Teixeira Filho, em sua tese de doutorado defendida na Universidade de São Paulo, traduziu o título de Joyce por *Renatos Avelar*. Wake é também um sobrenome, Avelar também o é, e neste está inserido o verbo velar, mas não o despertar, o qual estaria de certa forma implícito em *Renatos*. É uma solução, assim como a dos irmãos Campos, bastante criativa, mas ela também vem emoldurada em uma borda dourada, que deixa fora do campo de visão do leitor

o título da balada irlandesa e os significados da palavra *finn/fionn* em gaélico.

O que vem depois da curva, aquilo que a borda dourada impede de ver, será sempre um enigma no texto traduzido. Prefiro não usar aqui a palavra impossibilidade, pois sempre fica aberta a possibilidade de uma tradução que dê conta de todos os recursos utilizados pelo escritor.

A propósito do enigma, muitas vezes ele se encontra intencionalmente no texto de partida e não caberia, a meu ver, o tradutor revelá-lo para o leitor. Se assim o fizesse, poderia dar início a uma tragédia tradutória; do mesmo modo como Édipo deu início à sua tragédia pessoal ao solucionar o enigma da esfinge tebana. Nas traduções de livros para crianças, por exemplo, os tradutores podem se sentir tentados a solucionar enigmas para seu público-alvo. Lembro aqui de um conto que James Joyce escreveu para o seu neto Stephen Joyce, então com cinco anos. No conto, intitulado "O Gato e o Diabo", o diabo fala em francês. Mesmo sabendo que Stephen era bilíngue, ainda assim me parece mais razoável traduzir apenas as frases em inglês e deixar em francês, no máximo com tradução em nota de rodapé, as sentenças diabólicas proferidas pelo capeta. Foi essa a decisão que Lygia Bojunga e eu tomamos em nossas traduções do conto: mantivemos as palavras do Diabo em francês, e em notas colocamos a tradução das frases para o português. Já Antônio Houaiss, que assinou a primeira tradução da história infantil de Joyce, preferiu traduzir todas as frases do Diabo, colocando ao final do livro apenas uma nota em que indica que essas falas estavam originalmente

escritas em francês. Vale recordar que a tradução de Houaiss é de 1980, época em que não havia internet, televisão a cabo etc.; de modo que o francês parecia muito distante dos pequenos leitores. O cenário não era o mesmo nos anos 2000, quando Lygia (2012) e eu (2013) traduzimos o conto. Mesmo no caso de uma tradução intersemiótica, deve-se ter o cuidado, a meu ver, de não mostrar mais do que mostra o original. A Galera Record publicou, em 2017, *A Caça ao Snark* (1876), um longo poema de Lewis Carroll em tradução de Bruna Beber. A publicação teve como objetivo resgatar o público-alvo do livro, as crianças. Nesse intuito, acabou, parece-me, caindo na armadilha de solucionar um enigma criado por Carroll. Explico: as ilustrações originais, assinadas por Henry Holiday, um proeminente pintor e escultor londrino, que Carroll conheceu em 1870, em Oxford, foram substituídas, nessa edição, pelas de Chris Riddell. Até aí tudo bem, mas Riddell desenha o famoso Boojum, monstro do poema carrolliano, indo de encontro à vontade do escritor, que gostaria que ele permanecesse apenas no imaginário. Aliás, nem mesmo o autor sabia como ele era direito. Holiday não desenhara o Boojum, deixando o monstro na imaginação das crianças ou dos leitores em geral.

No caso de a tradução não conseguir dar conta de todas as referências do texto de partida, uma solução seria que a imagem "amputada" (o enigma) pudesse permitir, pelo menos, que o leitor imaginasse e criasse a sua própria ficção. Assim o faz o narrador do conto de Woolf, que, quando a personagem Isabella Tyson desaparece, "amputada pela

borda dourada do espelho", supõe que ela tenha ido "até o jardim dos fundos colher flores; ou, como parecia mais natural supor, fora colher algo leve e fantástico e frondoso e rasteiro [...]".[3] A tradução deveria instigar o leitor, mesmo que não conseguisse abarcar toda a capacidade imagética de uma frase ou de uma palavra.

O fato é que há momentos em que determinada frase, imagem, ou som da palavra do texto de partida são como uma marca na parede, igual à de outro conto de Woolf, "A marca na parede", ou seja, por mais que o tradutor tente verter para a sua língua aquela "marca" textual, ele possivelmente não alcançará total êxito. Lê-se no texto de Woolf:

> Mas, quanto àquela marca, não tenho certeza a seu respeito; não acho, afinal, que foi feita por um prego, é grande demais, redonda demais, para isso. Posso me levantar, mas se me levanto e dou uma olhada, a chance é de dez para um que não serei capaz de dizer com certeza; pois uma vez a coisa feita, ninguém sabe como aconteceu. Oh! pobre de mim, o mistério da vida! A imprecisão do pensamento!.[4]

Uma marca na parede seria, num caso extremo, um neologismo, como *runcible*, criado pelo escritor, desenhista e pintor inglês Edward Lear (1812-1888). O que significa *runcible*? Como traduzi-lo? Segundo Lear, ele não teria significado nenhum e não aceitaria a tentativa de dotá--lo de um sentido fixo. O tradutor, diante dessa palavra, levantar-se-ia, tenho a impressão, como a personagem de "A marca na parede", para olhar de perto o vocábulo e

[3] WOOLF, op. cit., p.85.
[4] Ibidem, p.11.

chegar à conclusão de que sua chance de não "acertar" na tradução é também de dez para um:

> Não, não, nada está provado, nada se sabe. E se tivesse que me levantar neste exato momento para me certificar de que a marca na parede é realmente — o que devo dizer? — a cabeça de um prego velho gigantesco, cravado ali há uns duzentos anos, que agora, graças ao paciente atrito de muitas gerações de criadas [substitua-se a palavra por tradutores], mostrou sua cabeça para além das demãos de tinta [...]".[5]

Mas voltemos ao conto inicial da escritora inglesa, o qual discorre sobre a imobilidade da imagem refletida no espelho. O narrador de "A dama no espelho", ainda no sofá da sala, afirma que entre o que vê no espelho e o ambiente à sua volta havia

> [...] um contraste estranho — tudo mudando aqui, tudo imóvel ali. A gente não conseguia deixar de mover o olhar de uma coisa para a outra. Entrementes, como todas as portas e janelas estavam abertas por causa do calor, havia um perpétuo som de gemido que começava e parava, a voz, ao que parecia, do transitório e do efêmero, indo e vindo como o fôlego humano, enquanto no espelho as coisas tinham parado de respirar e jaziam imóveis no transe da imortalidade.[6]

Ao contrário do que acontece com a imagem espelhada no conto de Woolf, a tradução, enquanto reflexo de outro texto, deveria cuidar para que refletisse/exibisse de alguma forma a mobilidade do texto de partida, permitindo ao

---

[5] Ibidem, p. 25.
[6] Ibidem, p. 83.

leitor uma experiência semelhante à que ele [leitor] teve ao ler o "original".

Se por um lado a tradução corre o risco de congelar a "imagem" do texto de partida, por outro ela tem a possibilidade de intensificá-la. Em "A dama no espelho", quando Isabella surge não como imagem refletida, mas como pessoa real em frente ao narrador, o que ele percebe é que "não havia nada. Isabella estava perfeitamente vazia".[7] O reflexo que mostra mais que a imagem "real" seria talvez o caso dos ganhos da tradução: ganha-se ao dar vida ao que não a tem e perde-se, como demonstrado no parágrafo anterior, ao não conseguir reproduzir outros ruídos e sensações do texto de partida.

Vale lembrar, como diria Walter Benjamin, que os espelhos transportam para dentro o que está fora — "A maneira como os espelhos captam o espaço livre, a rua, e o transportam para o café, isso também faz parte do entrecruzamento dos espaços".[8] Não seria exatamente isso que faz a tradução transportar para uma cultura, para uma língua, o que até então estava fora delas? Nesse sentido, a tradução, assim como o espelho, aumenta "os espaços de maneira fabulosa", como afirma o filósofo alemão.

Para Benjamin, aliás, "até mesmo os olhos dos transeuntes são espelhos velados". Poder-se-ia pensar nos transeuntes como leitores, cujos olhos refletiriam a imagem do texto oriunda de sua própria leitura.

---

[7] Ibidem, p. 97.
[8] BENJAMIN, Walter. *Passagens*. Tradução do francês: Cleonice Paes Barreto Mourão Tradução do alemão: Irene Aron. Belo Horizonte: Editora UFMG, 2006, p. 579.

Graças ao espelho, cabe lembrar, a menina Alice, heroína de *Através do espelho*, de Lewis Carroll (1832-1898), consegue decifrar um poema em "outra língua". Ela folheia as páginas de um livro e percebe que não o consegue ler: "É todo em alguma língua que não sei",[9] diz ela. De repente lhe surge uma "ideia luminosa": "Ora, este é o livro do Espelho". "Espelho" escrito com a inicial maiúscula, o que poderia levar a crer que se trata de um outro país. Em seguida ela segura o livro diante do espelho e as palavras aparecem todas "na direção certa de novo". Ainda assim, o espelho não soluciona os enigmas do texto de partida; ao contrário, mantém intactas as suas ambiguidades. Este é um excerto do poema que Alice leu, em tradução de Maria Luiza X. de A. Borges:

PARGARÁVIO
Solumbrava, e os lubriciosos touvos
Em vertigiros persondavam as verdentes;
Trisciturnos calavam-se os gaiolouvos
E os porverdidos estriguilavam fientes.[10]

Destaco aqui a leitura feita em um texto traduzido, através do espelho, mas a qualquer momento o leitor da tradução pode virar a cabeça e abandonar a imagem do espelho em busca da paisagem no original.

---

[9] CARROL, Lewis. *As aventuras de Alice no País das Maravilhas; Através do espelho e o que Alice encontrou por lá*. Tradução: Maria Luiza X. de A. Borges. Rio de Janeiro: Zahar, 2009, p. 171.
[10] Ibidem, p. 171.

De volta para o espelho

O que seria uma tradução fiel quando se trata de textos criativos, em especial de poesia? Haroldo de Campos lembra que, no que tange à poesia, há que se desconstruir o "dogma da fidelidade à mensagem, ao conteúdo cognitivo (à expressão mais fiel possível do pensamento). A fidelidade está ligada nesse caso também às formas, uma 'força cantante' ou paranomásia, fazendo com que a semelhança fonológica seja 'sentida como um parentesco semântico'".[11]

O poeta e tradutor brasileiro conclui então que, "a negação do caráter *intermediário* da linguagem, que age na poesia 'por sua forma' e não pelo aspecto meramente veicular (transmissão de conteúdo), aspecto que se deixaria exaurir sem resíduos pela mera compreensão da mensagem no caso da comunicação poética".[12]

O tradutor de poesia deve levar em consideração que o poeta, como diz Paul Valéry, citado por Haroldo de Campos, não escolhe as palavras que exprimiriam melhor seu pensamento (essa seria a tarefa da prosa) e lhe repetiriam o que ele já sabe. Ele escolheria aquelas que

> um pensamento por si só não pode produzir e que lhe parece ao mesmo tempo estranha e estrangeira [...]. A linguagem, aqui, não é mais um intermediário que a compreensão anula, uma vez desem-

[11] TÁPIA, Marcelo; NÓBREGA, Thelma Médici (org). *Haroldo de Campos*: transcriação. São Paulo: Perspectiva, 2013, p. 62.
[12] Ibidem, p. 63, grifo da autora.

25

penhado o seu ofício; ela age por sua forma, cujo efeito está em produzir no mesmo instante um renascer e um reconhecimento.[13]

O tradutor de poesia deve ter consciência ainda de que o poeta, como afirma Manoel de Barros, não gosta do "caminho comum das palavras",[14] porque "escrever o que não acontece é tarefa da poesia".[15] Além disso, lembra Barros, "O poeta é promíscuo dos bichos, dos vegetais, das pedras. Sua gramática se apoia em contaminações sintáticas. Ele está contaminado de pássaros, de árvores, de rãs".[16]

O tradutor, ciente disso, tem que se tornar poeta, imaginar como é o não dizer em sua língua ou como é dizer algo que produza um renascer e um reconhecimento, como falou Valéry.

Vejamos, contudo, o tradutor ideal, que seria para muitos como o espelho descrito nas primeiras estrofes do poema homônimo de Sylvia Plath que diz o seguinte em tradução de Augusto de Campos:

I am silver and exact. I have no preconceptions.
Whatever I see I swallow immediately
Just as it is, unmisted by love or dislike.
I am not cruel, only truthful,
The eye of a little god, four-cornered.

Sou prata e exato. Não tenho preconceitos.
O que vejo eu engulo de imediato

---

[13] Ibidem, p. 62.
[14] BARROS, Manoel de. *Menino do mato, Escritos em verbal de ave, A turma*. São Paulo: Leya, 2013, p. 14.
[15] Ibidem, p. 22.
[16] BARROS, Manoel de. *Gramática expositiva do chão*. São Paulo: LeYa, 2013, p. 35.

Tal como é, sem amor ou desamor.
Não sou cruel, só real,
O olho de um pequeno deus, quadrilátero.[17]

Mas esse espelho exato, fiel, é uma utopia em se tratando de tradução de ficção e de poesia em especial. A própria versão de Augusto de Campos mostra que ele, como tradutor, "engole" o que ele vê, e o que ele vê vai além das palavras: Augusto "vê" a melodia das frases. Talvez por isso tenha "engolido" a palavra *unmisted*, para garantir a exatidão e o imediatismo do espelho descrito por Plath. Afinal, diz Haroldo, "Se o poeta é fingidor, como queria Fernando Pessoa, o tradutor é um transfigurador".[18]

Nas estrofes seguintes do poema da escritora norte--americana, lê-se:

Most of the time I meditate on the opposite wall.
It is pink, with speckles. I have looked at it so long
I think it is part of my heart. But it flickers.
Faces and darkness separate us over and over.

Quase todo o tempo eu penso na parede oposta.
É rosa, com manchas. Olhei tanto tempo.
Que já é parte de mim. Mas pisca.
Faces e trevas nos dividem a todo momento. [19]

---

[17] CAMPOS, Augusto de. *Retrato de Sylvia Plath como artista*. Londrina: Galileu Edições, 2018.
[18] TÁPIA; NÓBREGA,. op. cit., p. 125.
[19] CAMPOS, op. cit., n.p.

A tradução é, como diz Walter Benjamin, uma versão de algum significado fixo que deva ser copiado, parafraseando ou reproduzido; é, na realidade, um engajamento com o texto original que nos permite vê-lo de diferentes formas. O tradutor seria então como o lago, e o texto de partida, a mulher, descritos nos últimos versos do poema de Plath:

Now I am a lake. A woman bends over me,
Searching my reaches for what she really is.
[...]
In me she has drowned a young girl, and in me an old woman
Rises toward her day after day, like a terrible fish.

Agora sou um lago. Uma mulher se inclina para mim,
Buscando em meus traços o que ela é de fato.
[...]
Ela afogou em mim uma menina, e em mim uma mulher
Velha se alça para ela dia após dia, peixe terrível.[20]

O tradutor, como o lago, capta as mudanças do texto de partida, o qual muda com os anos, muda com as referências do tradutor; o texto de partida é esse peixe terrível, porque, diria, escorregadio.

Talvez em razão disso, como afirma Haroldo de Campos,

Ao converter a função da poética em função metalinguística, o tradutor de poesia opera, transgressivamente (em diversos graus), uma nova seleção e uma nova combinação dos elementos extra-e-intratextuais do original; ao significar-se como opera-

---

[20] CAMPOS, op. cit., n.p.

ção 'transgressora', a tradução põe desde logo 'entre parênteses' a intangibilidade do original.[21]

Mas até que ponto esse lago pode ser representado pela obra *Cisnes refletindo elefantes* (1937), de Salvador Dalí?

[21] TÁPIA; NÓBREGA, op. cit., p. 124.

Os tradutores como stalkers e como profanadores

Há algumas décadas, venho me dedicando à tradução de textos de autores como James Joyce (1882-1941), Edward Lear (1812-1888) e Gertrude Stein (1874-1946). Na língua original, esses textos são para mim como um território cuja geografia é, por vezes, bastante caótica. Por conta disso, imagino o tradutor desses textos como um andarilho, que se movimenta fascinado e perplexo por eles.

Sendo mais específica, comparo, aqui, o tradutor com um *stalker* (perseguidor) e o texto de partida como a "Zona", dois termos tomados de empréstimo do filme *Stalker* (1979), conhecido assim em português, razão pela qual não traduzi a palavra *stalker*, do russo Andrei Tarkovski. O filme é baseado no romance de ficção científica *Piquenique na Estrada* (1971) (tradução brasileira de Tatiana Larkina), dos irmãos Arkádi e Boris Strugátski, conterrâneos do diretor.

A palavra de língua inglesa *stalker* significa perseguidor, e é ele que, tanto no filme quanto no livro, entra em um espaço chamado "Zona", um lugar desconhecido, abando-nado, desabitado, embora tenha permanecido intacto. Em *Piquenique na estrada*, o leitor fica sabendo que a Zona foi um lugar que sofreu uma invasão alienígena; no filme de Tarkovski, não fica bem claro o que deu origem àquele lugar.

O tradutor é, a meu ver, um perseguidor, alguém que, como um *stalker*, entra na "Zona" para explorá-la, para

entendê-la e para extrair dela algo e levá-lo aos que não têm como se aproximar do local, o qual é reservado para os que ousam destrinchar sua geografia mutante. Lê-se em *Piquenique na estrada* que os *stalkers* são "rapazes arrojados que arriscam o próprio pescoço ao entrar na Zona e arrastam dali tudo o que conseguem achar. Isso já virou uma nova profissão".[22]

Cabe lembrar que os *stalkers* sabem que para se mover na Zona precisam "seguir as instruções", que, no caso dos tradutores, poderiam estar nas teorias literárias e tradutórias.

Mas voltemos à invasão alienígena de que falam os irmãos Strugátski. Nesse contexto o tradutor não pode perder de vista que, assim como ocorre com a Zona, todo texto de partida é também feito por um "alienígena", alguém que pertence a outro mundo, a outra cultura que não a do tradutor. Caberia ao tradutor (que também pode ser visto primeiramente como um leitor) desbravar o espaço novo e tentar se aproximar do outro, da outra cultura, do outro idioma.

Se partirmos do princípio de que o outro é o inatingível ou de que o autor está morto (Roland Barthes e Maurice Blanchot) — nesse último caso pensamos no filme de Tarkovski, que não aponta um responsável pela criação da Zona, comparada aqui a um texto de partida —, talvez cheguemos à conclusão apressada de que toda tradução é impossível, o que pode provocar uma paralisia. O que se está salientando, no entanto, é que o tradutor deveria ter

---

[22] STRUGÁTSKI, Arkádi; STRUGÁTSKI, Boris. *Piquenique na estrada*. Tradução: Tatiana Larkina. São Paulo: Aleph, 2017, p. 19.

consciência de que haverá sempre um vácuo entre aquele que fala e aquele que escuta; e é esse vácuo que permite que ele seja também um criador.

Segundo Michel Foucault, na abertura para uma linguagem, o sujeito está excluído: "Eis que nos deparamos com uma hiância que por muito tempo permaneceu invisível para nós: o ser da linguagem só aparece para si mesmo com o desaparecimento do sujeito".[23] Na tradução, o ser da linguagem é o tradutor, que, assim como o autor do texto de partida, também desaparece para dar lugar ao leitor de sua tradução. Nesse sentido, poder-se-ia dizer que o tradutor é de certa forma também o autor do texto, na medida em que nesse vácuo ele imprime sua linguagem.

Na "Zona", desabitada, sem dono, os *stalkers* de Tarkovski e dos irmãos Strugátski entram e constroem a geografia do lugar. O mesmo acontece com o tradutor, que antes de tudo é um leitor: ao adentrar no texto que irá traduzir, sente-se numa zona desconhecida, despovoada. Ocorre que o tradutor, diferentemente do leitor, parece ter que seguir mais de perto os passos do autor, reconstituir seu texto palavra por palavra, mas é inevitável que essa reconstituição passe por uma reelaboração, que está ligada diretamente à leitura, à interpretação, que é pessoal, e ao vácuo criado entre o autor e o leitor, como disse acima.

A propósito da palavra, ela pode conter múltiplos significados; então, qual deles escolher em um contexto que permite que se opte por mais de um?

---

[23] FOUCAULT, Michel. *Estética*: literatura e pintura, música e cinema. Tradução: Inês Autran Dourado Barbosa. Rio de Janeiro: Forense Universitária, 2001. (Ditos e Escritos, v. 3), p. 211.

Lembro um poema de Sérgio Medeiros, que consta do livro *Sexo Vegetal*, traduzido para o inglês por Raymond L. Bianchi por *Vegetal Sex*: um dos versos fala em uma névoa que "se esconde no seu sopro alvo...". Segundo o poeta brasileiro, "alvo" significava branco, claro. Na tradução, contudo, a palavra "alvo" transforma-se em "*target*"/ alvo no sentido de mira (*hides in its breath target*). Medeiros, que teve a possibilidade de discutir com o tradutor, não modificou a escolha tradutória e acabou incorporando ao seu poema essa outra leitura, igualmente pertinente.

A língua é também ambígua, ainda que escritores, como Gustave Flaubert, buscassem a *mot juste*, ou seja a palavra certa. Há ainda que se levar em consideração que não se traduz apenas palavra, mas ritmo, estilo etc. Entre essa multiplicidade de escolha, o tradutor acaba tendo que optar, muitas vezes por força da própria língua para a qual traduz, por um dos muitos significados encontrados.

Mas, retornemos a Foucault, que lembra que o pensamento "se mantém fora de qualquer subjetividade para dele fazer surgir os limites como vindos do exterior [...]". Prossegue o pensador francês: "será necessário um dia tentar definir as formas e as categorias fundamentais desse 'pensamento do exterior'. Será preciso também tentar encontrar sua progressão, buscar de onde ele nos vem, e em que direção ele vai"[24]

Foucault conclui que é extremamente difícil

> dar a esse pensamento uma linguagem que lhe seja fiel. Todo discurso puramente reflexivo arrisca na verdade reconduzir a

[24] FOULCAULT, op. cit., p. 222.

experiência do exterior à dimensão da interioridade: a reflexão tende, irresistivelmente, a reconciliá-la com a consciência e desenvolvê-la em uma descrição do vivido em que o 'exterior' seria esboçado como experiência do corpo, do espaço, dos limites do querer, da presença indelével do outro.[25]

A respeito do vocabulário da ficção, afirma o pensador, ele "é ainda mais perigoso: na densidade das imagens, às vezes na simples transparência das figuras as mais neutras ou as mais apressadas, ele arrisca colocar significações inteiramente prontas que, sob a forma de um fora imaginado, tecem de novo a velha trama da interioridade".[26]

Diante desse espaço desconhecido do texto, onde as "palavras se desenrolam infinitamente", como afirma o pensador francês, é que se encontra o tradutor. Esse desenrolar infinito não deve significar, mais uma vez, uma impossibilidade da tradução, mas sim uma multiplicidade de possibilidades que ficam a cargo do tradutor e de suas escolhas poéticas, literárias...

Se o texto de partida é como a "Zona", as janelas pelas quais os *stalkers* a veem pela primeira vez são como a primeira leitura que o tradutor faz do texto, antes mesmo de refletir propriamente sobre as especificidades da tradução (essas, a meu ver, aparecem quando de fato passamos a traduzi-lo). Cito um fragmento de *Piquenique na estrada*:

> Os vidros das nossas janelas são grossos e contêm chumbo; atrás deles está a Zona, nossa querida, tão perto, ao alcance do braço, completamente visível do 13º andar... Quando se olha para ela, só

---

[25] Ibidem, p. 224.
[26] Ibidem, p. 224.

se percebe um terreno normal banhado pelos raios de sol como qualquer outro lugar na Terra. Aparentemente nada mudou lá, tudo permanece como era treze anos atrás.[27]

Mas quando se entra na Zona/ no texto a ser traduzido, pode-se observar que a sua geografia muda, o que era estático ganha movimento e, por vezes, como acontece com os *stalkers*, o tradutor caminha e volta para o mesmo lugar, sem avançar, sem encontrar o caminho a seguir. *Stalkers* e tradutores entram e saem dessa geografia instável modificados, mas também a modificam, ao tirar dela alguma coisa e ao deixar ali algum vestígio.

No filme de Tarkovski e no livro dos irmãos Strugátski, os exploradores da Zona amarram panos em parafusos para lançá-los no caminho a sua frente a fim de guiá-los, de mostrar possíveis perigos existentes. Os parafusos dos tradutores seriam os dicionários, o cotejo com outras traduções já existentes, as teorias literárias e tradutórias. Os "parafusos" dão conforto ao tradutor, mas não estabilizam a geografia mutante e movediça do texto de partida como se viu acima. Vejamos um verso da famosa escritora norte-americana Gertrude Stein que consta do poema "*Sacred Emily*": "*Rose is a rose is a rose is a rose*". A princípio se trata apenas de uma repetição da palavra *rose,* em português, rosa. Contudo, se lido em voz alta, do verso surge a palavra *arose*, que significa, emergir, surgir etc. Além disso, *Rose* é o sobrenome de um dos personagens do poema *Jack Rose*. Segundo o dicionário, uma rosa é apenas uma rosa, que

---

[27] STRUGÁTSKI, Arkádi; STRUGÁTSKI, Boris, op. cit., p. 36.

pode ser o sobrenome de Jack, Jack Rosa; mas segundo a teoria literária acerca da obra da escritora, ver-se-á que Emily pode ser uma rosa, Jack pode ser Jack Rosa, ou Emily pode emergir daqueles versos (*arose*) ou ainda pode ser uma rosa que emerge, ou ainda que o próprio Jack Rosa tenha emergido dali. A tradução de um verso como esse dependerá da criatividade do tradutor e só será impossível se o tradutor não cumprir o seu papel, que é também o de profanar o texto, no sentido dado pelo pensador italiano Giorgio Agamben: "[...] consagrar (*sacrare*) era o termo que designava a saída das coisas da esfera do direito humano, profanar, por sua vez, significava restituí-las ao livre uso dos homens".[28]

A tradução em certo sentido é uma profanação, pois muitas vezes frases, palavras, versos de determinados autores estão cobertos por uma aura sagrada em suas línguas; cabe ao tradutor livrar o texto dos "nomes sagrados" e restituí-lo "ao uso comum dos homens",[29] como diz Agamben.

A tradução é uma espécie de rito. Segundo o pensador italiano, "o que foi separado ritualmente pode ser restituído, mediante o rito, à esfera profana. [...] Basta que os participantes do rito toquem essas carnes para que se tornem profanas e possam ser simplesmente comidas. Há um contágio profano, um tocar que desencanta e devolve ao uso aquilo que o sagrado havia separado e petrificado."[30]

---

[28] AGAMBEN, Giorgio. *Profanações*. Tradução: Selvino J. Assmann. São Paulo: Boitempo, 2007, p. 65.
[29] Ibidem, p. 65..
[30] Ibidem, p. 66.

O importante é que, "depois de ter sido profanado, o que estava indisponível e separado perde a sua aura e acaba restituído ao uso".[31]

A tradução de *Finnegans Wake*, de James Joyce, a meu ver, é um caso emblemático de profanação, uma vez que é considerado um livro impossível de traduzir; independentemente disso, tradutores se aventuraram a entrar na "Zona" joyciana. No Brasil, os irmãos Haroldo e Augusto de Campos foram os primeiros a explorar o território wakiano; mas foi, diria, Donaldo Schüler, com a tradução completa do livro, que de fato o profanou e o devolveu ao uso "comum"; justamente por isso, outras traduções apareceram no mercado por aqui.

[31] Ibidem, p. 68.

As pernas da tradução

"A pequena sereia", do escritor dinamarquês Hans Christian Andersen, como todos sabem, conta a história de uma sereiazinha que se apaixona por um príncipe de um mundo que ela desconhece; afinal, ela vive no mundo das profundezas do oceano, e ele no mundo "lá de cima", como os seres aquáticos denominam esse outro lugar. Mas não se deve confundir esse enredo com a adaptação da Disney, com final feliz

O que eu gostaria de propor aqui é pensar a tradução de textos criativos, não desse clássico especificamente, mas a partir dele, ou seja, pensar a tradução com base em metáforas sugeridas no próprio texto que revelariam, a meu ver, aspectos do trabalho do tradutor. Definições metafóricas, como bem lembra Antoine Berman,[32] citando Mounin "e suas *Belas Infiéis*", proliferam, mas espero que as propostas de metáforas que sugiro não sejam tão negativas quanto aquelas citadas por Berman em *A tradução e a letra ou o albergue do longínquo*.

Vou me ater, primeiramente, à Bruxa do Mar, personagem que transforma a sereiazinha em humana para que ela possa circular no mundo "lá de cima" e interagir com os humanos. Para isso, ela transforma o rabo de peixe da sereiazinha em pernas. Aqui, reconheço uma metáfora sugestiva. Pois não

---

[32] BERMAN, Antoine. *A tradução e a letra ou o albergue do longínquo*. Tradução: Marie-Hélène C. Torres, Mauri Furlan e Andreia Guerini. Rio de Janeiro: 7 Letras, 2007, p. 41

é isso que o tradutor faz? Transformar um texto, adaptá-lo para que ele possa circular fora de sua língua? Lembrando que cada língua exprime também uma determinada cultura.

A propósito dessa transformação, a Bruxa explica de que forma ela se dará: "Sua cauda há de dividir-se e encolher-se, até se transformar naquilo que os humanos chamam de 'belas pernas'. Vai doer: será como se uma espada estivesse atravessando seu corpo. Mas quem olhar para você dirá que é a criatura mais linda já vista". [33]

Digamos que a Bruxa seja o tradutor, ou melhor, a tradutora, e que a sereiazinha seja o texto de partida, que precisa passar por uma transformação para se ajustar à língua de chegada. A Bruxa/tradutora está consciente de que essa transformação ocorre à custa de sofrimento, mas, como ela diz: "Se esse sofrimento não lhe causa temor, estou pronta a realizar seu desejo". [34]

Na verdade, o tradutor é quem sofre, porque sabe que, como afirma Paul Ricoeur, [35] sua tarefa implica lidar com o luto, com a perda e, portanto, com o desafio de suportá-los. No conto de Andersen, a Bruxa/tradutora procura saber até que ponto a sereiazinha (o texto de partida) resiste à modificação. Até que ponto o tradutor suporta a perda que está sempre implícita no trabalho de tradução? Até onde o tradutor pode ir?

---

[33] ANDERSEN, Hans Christian. *Histórias e contos de fadas*. Tradução: Eugênio Amado. Belo Horizonte: Villa Rica, 1996, p. 130.
[34] Ibidem, p. 130.
[35] RICOEUR, Paul. *Sobre a tradução*. Tradução: Patrícia Lavelle. Belo Horizonte: Editora UFMG, 2011, p. 22.

Obviamente, todo texto traduzido passa por uma transformação. É comum o tradutor se deparar com um vocábulo, ou com uma imagem, que não pode ser traduzido literalmente em outra língua, pois se o fizer o texto perderá o sentido. A adaptação, ou a busca de um equivalente, é inevitável. No conto de Andersen, o rabo de peixe faz o papel de pernas para os humanos, pois ajuda a sereiazinha a se locomover; os dois seriam, então, similares ou equivalentes. Vale destacar que, como lembra Antoine Berman, "servir-se da equivalência é atentar contra a falência da obra".[36]

Com as pernas, o que resta da cauda e da própria sereia é apenas a lembrança de algo que não existe mais, e essa lembrança também provoca sofrimento. No conto de Andersen, lê-se: "Era como a bruxa havia previsto: cada passo produzia uma dor aguda, como se ela estivesse pisando no gume de uma faca. Mas ela suportou aquilo com prazer, pois estava ao lado de seu querido príncipe. Todos que a viam admiravam-se de seu andar leve e gracioso".[37]

Mas a tradução não é só perda e sofrimento, ela é feita também de "pequenas felicidades", como diz Paul Ricoeur.[38] Com a tradução e através do tradutor pode-se chegar a outro mundo, pode-se aproximar do outro. A tradução é feita também de ganhos.

Voltemos à perda. A sereiazinha, ao se transformar em humana, perde não só a cauda, mas também a voz, que ela troca pelo sangue vertido pela Bruxa para que a sua

---

[36] BERMAN, op. cit., p. 60.
[37] ANDERSEN, op. cit., p. 131.
[38] RICOEUR, Paul. *Sobre a tradução*. Tradução: Patrícia Lavelle. Belo Horizonte: Editora UFMG, 2011, p. 21.

transformação em humana se realize: "Troco meu sangue precioso pela sua voz, que é a coisa mais preciosa que você tem",[39] diz a Bruxa.

Sem a cauda, a sereiazinha não pode mais voltar para mundo de onde veio. Sem a voz, resta-lhe, como disse a Bruxa, "[...] seu belo corpo [...], seu andar gracioso e seus lindos olhos. Use-os para conquistar um coração humano".[40] São as perdas e ganhos do trabalho tradutório.

Para a sereiazinha, a perda da cauda não foi tão dolorosa quanto a perda da voz. Lê- se no conto que

> no castelo, vestiram-na com roupas luxuosas, de seda e musselina. Ela era a jovem mais linda que ali haviam visto, pena que era muda, e não podia falar ou cantar. Belas criadas, vestidas com roupas de seda bordadas de fio de ouro, vinham cantar para o príncipe e para o casal real. Para uma que cantou com a voz mais bela que as outras, o príncipe bateu palmas e sorriu. Aquilo deixou a pequena sereia enciumada, pois ela poderia ter cantado ainda melhor que aquela jovem. "Ele certamente iria me amar", pensou ela, "se soubesse que, para estar a seu lado, sacrifiquei para sempre minha linda voz!".[41]

Ocorre que o tradutor reconhece as deficiências do texto traduzido, sabe que poderia fazer melhor, percebe os sacrifícios pelos quais o texto precisou passar para estar em outro lugar. O tradutor está ciente também de que é impossível redobrar, ou seja, reconstituir o texto de partida tal como ele é. Como afirma Alberto Manguel, "a maioria dos tradutores [...] não tem nem a paciência, nem

[39] Ibidem, p. 131.
[40] Ibidem, p. 131.
[41] Idem, p. 132.

a possibilidade de esperar tanto tempo e deve se resignar à imperfeição. Aproximações, versões, glosas, adaptações são as únicas metas permitidas". Além disso, "os filósofos (e a experiência) nos ensinaram que é impossível existir duas coisas idênticas neste mundo. Portanto, uma tradução nunca poderá ser o decalque fiel do original".[42]

Em se tratando de tradução, lembra Paul Ricoeur, que parece, aliás, dialogar com Manguel,

> o dilema é o seguinte: os dois textos, de partida e de chegada, deveriam, em uma boa tradução, se medir por intermédio de um terceiro texto inexistente. O problema é efetivamente dizer a mesma coisa ou pretender dizer a mesma coisa de duas maneiras diferentes. Mas esse mesmo, esse idêntico, não é dado em nenhum lugar sob o modo de um terceiro texto [...]. Na falta desse terceiro texto, no qual residiria o próprio sentido, o idêntico semântico, resta apenas o único recurso à leitura crítica de alguns especialistas senão poliglotas, ao menos bilíngues, leitura crítica equivalente a uma retradução privada na qual nosso leitor competente refaz, por sua conta, o trabalho de tradução e se confrontando ao mesmo paradoxo de uma equivalência sem adequação.[43]

A felicidade de traduzir, diz Ricoeur, é também "um ganho quando, ligada à perda do absoluto linguístico, ela aceita a distância entre a adequação e a equivalência, a equivalência sem adequação".[44]

---

[42] MANGUEL, Alberto. *Notas para uma definição do leitor ideal*. Tradução: Rubia Goldoni e Sérgio Molina. São Paulo: Edições SESC, 2020, p. 81.

[43] RICOEUR, Paul. *Sobre a tradução*. Tradução: Patrícia Lavelle. Belo Horizonte: Editora UFMG, 2011, p. 26.

[44] Ibidem, p. 29.

No caso da sereiazinha transformada em humana, embora tenha perdido a voz, ela dançava maravilhosamente bem, seus movimentos realçavam "seu encanto, e os olhos expressavam seus sentimentos mais eloquentemente que as palavras de uma canção".[45] Ela, pensada como metáfora do texto traduzido, parece aceitar a perda desse absoluto linguístico, mas compensa essa perda, a da voz, com um ganho: os movimentos encantadores.

Agora vejamos a relação entre a sereiazinha como humana, que seria o texto traduzido, e o príncipe, que seria a metáfora do leitor. Cabe destacar que a Bruxa/tradutora do conto alerta a sereiazinha de que, ao perder a cauda, ela não poderá mais voltar para o fundo do mar e, se não "conquistar o amor do príncipe", e se ele porventura vier a se encantar por outra, na manhã seguinte ela se transformará em espuma do mar e não terá uma alma eterna como os humanos. As sereias, é dito no conto, não têm alma eterna, mas vivem mais que os humanos.

É o príncipe, leitor crítico ou não, que a sereia transformada em humana, ou tradução, precisa conquistar. Ela consegue isso por um tempo: "O príncipe declarou que nunca a deixaria partir, ordenando que daí em diante ela dormisse em frente à porta de seu quarto, numa almofada de veludo".[46] É quase como se o livro traduzido estivesse na mesa de cabeceira do leitor.

A dança da sereiazinha travestida de humana agrada igualmente ao príncipe, que, como os demais, fica extasiado

---

[45] ANDERSEN, op. cit. p. 133.
[46] Ibidem, p. 133.

com seus movimentos leves e graciosos. Ainda assim, falta-lhe algo — a voz? —, que desassossega o príncipe a ponto de chamá-la "minha enjeitadinha".

Interessante pensar em como o príncipe (nosso leitor) identifica a sereiazinha (que, na versão humana, é o texto traduzido): "Tu te pareces com uma jovem que vi muito tempo atrás, e que provavelmente nunca mais tornarei a ver [...]. Tu és parecida com ela, e quase desfizeste a lembrança que dela tenho em meu coração".[47] Para o leitor que conhece o texto de partida, a tradução, obviamente, remete a ele, mas não toma o seu lugar.

De fato, mais à frente, o príncipe/leitor se apaixona completamente por uma princesa de seu mundo e com ela se casa. O que ocorre com a sereiazinha é que ela se transforma em espuma do mar, mas é resgatada pelas "filhas do ar", que também eram sereias como ela. As filhas do ar dizem que elas ainda têm chance de ter uma alma imortal e partilhar a "felicidade eterna junto com os humanos"; para tanto, precisam despertar seu amor ou praticar boas ações por trezentos anos.

Um texto traduzido, a meu ver, pode ter esse mesmo destino: ou tornar-se espuma do mar e desaparecer para sempre ou ter a chance de sobrevida por meio de novas traduções que criem uma tradição. São as traduções do mesmo texto, diria, que garantem a "vida eterna" do texto de partida em outras línguas.

[47] Ibidem, p. 134.

O tradutor em cena

No dia 30 de setembro, comemora-se o dia do tradutor, que tem como santo padroeiro São Jerônimo, responsável pela tradução da Bíblia do grego antigo e do hebraico para o latim — tornou assim o texto sagrado acessível a um número maior de pessoas. A tarefa do tradutor seria, de fato, trazer à luz algo que estava no escuro. Muitos estudiosos acreditam que o tradutor é o primeiro a dar as boas-vindas ao estrangeiro, ao se aproximar dele e ao introduzi-lo a uma outra cultura, que obviamente se amplia com esse diálogo.

A tarefa do tradutor, apesar dos inúmeros estudos a respeito dela, parece ainda hoje ser desconhecida ou incompreendida por parte dos leitores. O tradutor francês Dominique Nédellec lembra que em um determinado evento, antes de falar para estudantes lusófonos sobre os livros traduzido por ele do português para o francês, teve que

> fazer uma apresentação geral da profissão-tradutor para as turmas de literatura. Como explicar a esses colegiais no que consiste meu ofício? Como captar imediatamente sua atenção? Passador, falsário, impostor, camaleão, raposa, bode expiatório... Sim, é claro. Mas, o que mais? Brice Matthieussent: 'Para ser um bom tradutor é preciso ser um acrobata da língua, ser flexível no manejo das palavras. Sempre surgem situações embaraçosas que exigem um bocado de agilidade'. A ideia é sedutora: o tradutor é um acrobata... Mas de que tipo? Cremnóbata? Oríbata? Neuróbata?[48]

[48] NÉDELLEC, Dominique. *Tradutores, funâmbulos e outros nefelibatas*. Tradução Fernando Scheibe. Desterro [Florianópolis] : Cultura e Barbárie, 2015, p. 11.

Será que o tipo de tradutor não dependeria, em certa medida, do tipo de leitor que lê tradução?

Classificações são perigosas e, diria, na maior parte das vezes, artificiais; contudo, me arrisco a classificar, num primeiro momento, os leitores em relação à tradução em quatro tipos: o primeiro é aquele que lê o texto traduzido sem ter consciência que se trata de uma tradução; para esse leitor, o tradutor inexiste; o segundo tipo de leitor é aquele que sabe que está lendo uma tradução e não se importa, não se indaga; o tradutor e o autor, para ele, são uma mesma pessoa; já o terceiro tipo é aquele que não lê textos traduzidos, ficando obviamente restrito à cultura dos falantes de sua língua-mãe; para esse leitor, o tradutor não precisava existir; por fim, o quarto e último tipo, e é sobre esse que me interessa falar, é aquele que lê textos traduzidos mas desconfia deles. Para esse leitor, a figura do tradutor está sempre em cena e se assemelharia a dois personagens do filme *The Art of Mirrors* (A arte dos espelhos), de 1973, do cineasta britânico Derek Jarman.

No filme de Jarman, que dura seis minutos, os personagens, um homem e depois uma mulher, andam de um lado para outro no cenário segurando um espelho, o qual, vez por outra, reflete uma luz que se sobrepõe à cena por trás dela.

Partindo das imagens de *A arte dos espelhos*, poder-se-ia esboçar uma alegoria na qual o espelho seria visto como a tradução, que o tradutor segura firme, enquanto o espectador seria comparado ao fruidor da tradução, que mantém com ela uma relação de desconfiança. Esse leitor, por exemplo, diante de uma palavra, uma frase, uma rima ou mesmo da

métrica de um verso, interromperia a leitura, como se uma luz refletida no espelho atingisse sua retina. Ele se indagaria, então, se era exatamente assim que estava escrito no texto de partida. Nesse instante, o leitor não veria mais o texto de partida; as frases tornar-se-iam abstratas, a luz o cegaria por instantes e perturbaria a fruição de sua leitura.

Vejamos um exemplo extremo, na tradução de poesia: se, por questões de ritmo, o tradutor substituir uma palavra por outra, tal escolha poderá dar início a uma série de questionamentos por parte do leitor, no caso de edição bilíngue. Por outro lado, contudo, se o tradutor mantiver a palavra do texto de partida, mas adaptar o ritmo e a métrica do poema, a mesma luz refletida no espelho irá certamente incidir sobre os olhos do leitor da tradução, cegando-o ou não.

O tradutor tem consciência de que carrega esse espelho que reflete luz, mas esse é o seu papel, do qual não pode se furtar, caso queira estar em cena. Aliás, é nesse raio de luz, diria, que se encontra o tradutor. Enquanto "coautor" do texto, ele reflete as suas escolhas e imprime a sua assinatura.

Mas o leitor desconfiado, a que me refiro aqui especialmente, se por um lado está de olho no tradutor, por outro lado parece não querer ver rastros do responsável pela tradução no texto, não quer ouvir a voz do tradutor, como se isso, aliás, fosse possível.

O tradutor, como um personagem do filme de Derek Jarman, se por um lado direciona o facho de luz para o leitor, por outro lado ele também está sob um facho de luz. Mas como lidar com esse paradoxo?

Tradutores como atores e mágicos

A primeira vez que assisti à peça *A classe morta* (1975), do dramaturgo e encenador polonês Tadeusz Kantor (1915-1990), não foi num teatro, mas por meio de um DVD. Tratava-se da gravação de uma apresentação da peça exibida no Théâtre National de Chaillot, na França, em maio de 1989. Na gravação, em alguns momentos, havia legendas em francês para o que se dizia em polonês; em outros não. Embora eu leia em francês, percebi que, quando não havia legenda, essa lacuna não prejudicava por completo o entendimento das cenas, que eram traduzidas pelos gestos e expressões dos atores.

Assisti à peça, diria, como se eu fosse o narrador do conto "A estação morta", do escritor polonês Bruno Schulz. No conto, o narrador descreve uma conversa entre seu pai e um estrangeiro, que falava em uma outra língua, incompreendida por ele e por outros familiares. Diz o narrador:

> Sem compreender a língua estrangeira, assistíamos com respeito a essa conversa cerimoniosa, cheia de sorrisos, piscadelas, tapinhas nas costas. Após a troca das gentilezas preliminares, os senhores passaram ao assunto propriamente dito [...]. Com charutos robustos no canto da boca, o rosto encolhido num esgar de contentamento arrogante, os dois senhores trocavam palavras breves, códigos monossilábicos, apontando espasmodicamente os dedos numa posição apropriada do livro, com um clarão de

adivinhos nos olhos. Aos poucos a discussão esquentava, percebia-se uma irritação, controlada dificuldade [...]. A situação se agravava. Houve um momento em que ambos se ergueram de seus lugares e ficaram quase fora de si [...].[49]

Mais tarde, depois da intercessão da mãe do narrador, ele observou que as expressões de seu pai e do visitante "prometiam muito. Piscando o olho aos vendedores, dava a entender que agora estavam cheios de iniciativa".[50]

Assim como o narrador do conto de Schulz, assisti à peça de Kantor tentando decifrar a expressão dos atores, que me permitia, em certa medida, "entender" o que acontecia em cena: os atores traduziram a peça para mim.

Fato semelhante aconteceu, afirmaria, quando li o mencionado conto de Bruno Schulz em português. Alguém o "encenou" para mim, alguém o encenou na minha língua, não com gestos, mas com palavras. Nesse caso, o encenador foi Henryk Siewierski, responsável pela tradução para o português do Brasil do livro *Ficção completa: Bruno Schulz* (Cosac Naify, 2012).

Comparo, portanto, o tradutor ao encenador, mais especificamente ao ator, valendo-me da definição de Tadeusz Kantor para quem "o ator é um 'jogador' que joga com o texto, se distancia dele, aproxima-se dele, o abandona e o retoma, tira-lhe todo caráter anedótico para revelá-lo em sua abstração concreta. É um jogador que não sublinha a convenção do jogo, mas afirma com força sua realidade

---

[49] SCHULZ, Bruno. *Ficção completa*: Bruno Schulz. Tradução e posfácio: Henryk Siewierski. São Paulo: Cosac Naify, 2012, p. 243.

[50] Ibidem, p. 244.

de jogador, tal como o saltimbanco ou o *clown* na arena do circo".[51]

A propósito do ator, lembra Kantor que, se ele "*imita* uma ação se coloca forçosamente *acima* dela. O ator que a executa realmente se coloca em relação a ela em posição de igualdade. É assim que se modifica a hierarquia fundamental: objeto-ator, ação-ator".[52]

A ideia do dramaturgo polonês parece dialogar com o conceito de tradução ou transcriação de Haroldo de Campos, que se fundamenta em parte nas ideias do alemão Wolfgang Iser. Segundo Campos, é preciso desmistificar "a 'ideologia da fidelidade', a ideia servil da tradução-cópia".[53] É necessário pensar "a própria tradução enquanto ficção". Haroldo vale-se de um ensaio de Iser — "Os atos de fingir ou o que é fictício no texto ficcional?" — para descrever e reforçar "uma 'relação triádica' que se estabelece entre o real, o fictício e o imaginário" na tradução.[54]

Aproveitando essa imagem de jogo entre o real, o fictício e o imaginário proposto por Haroldo de Campos via Iser e a imagem circense de Tadeusz Kantor, diria que o tradutor seria igualmente um mágico, que brinca com a tríade (real, imaginário e fictício). O mágico tira coelhos da cartola; esquarteja mulheres e homens dentro de caixas, separa suas partes, e depois os faz ressurgir inteiros em outro lugar. Não é isso que faz o tradutor?

---

[51] KANTOR, Tadeusz. *O Teatro da morte*. Vários tradutores. São Paulo: Perspectiva: Edições SESC SP, 2008, p. 37. A tradução do fragmento citado é de Jacó Guinsburg.
[52] Ibidem, p. 37, grifo do autor.
[53] TÁPIA, Marcelo; NÓBREGA, Thelma Médici. *Haroldo de Campos:* transcriação. São Paulo: Perspectiva, 2013, p. 120.
[54] Ibidem, p. 121.

Foi isso, diria, que fez Siewierski quando traduziu Bruno Schulz. Como leitora, diante dos meus olhos, ele tirou de sua cartola, não sem antes ter esquartejado, com o objetivo de ver suas entranhas, o texto do escritor em polonês, e o fez ressurgir, inteiro, em outro lugar, em outra língua, a portuguesa.

Tomasz Barcinski, tradutor do romance *Ferdydurke*, de Witold Gombrowicz, afirmou, por exemplo, que traduzir o livro foi um grande desafio, pois o escritor tem

> um estilo que, de acordo suas próprias palavras, é 'fantástico, excêntrico e bizarro, chegando à beira da mania, da loucura, do disparate'. Além disso, ele criou palavras inexistentes em polonês e, para complicar ainda mais, deu um significado diferente a algumas palavras existentes, não raro transformando substantivos em verbos, verbos em adjetivos e estes últimos em verbos.[55]

Nesse caso, o próprio escritor é cheio de truques, os quais o tradutor precisaria conhecer "no intuito de decifrar o significado pretendido pelo autor", como disse Barcinski em um outro contexto.[56]

O tradutor, como o mágico, precisa conhecer o manual de magia e precisa ter a habilidade de enganar, de iludir o leitor, ou seja, de fazer com que ele pense que lê, por exemplo, Gombrowicz, quando, na verdade, lê também Barcinski, ou os dois ao mesmo tempo em português.

Tradutor e autor não são a mesma pessoa, mas o tradutor tem que se disfarçar e passar pelo autor e, para passar por

---

[55] GOMBROWICZ, Witold. *Ferdydurke*. Tradução: Tomasz Barcinski. São Paulo: Companhia das Letras, 2006, p. 345.

[56] Ibidem, p. 345.

ele, tem que ficar o mais parecido possível com ele. O tradutor de Gombrowicz lembra que antes de se aventurar a traduzir o mestre polonês adquiriu "a mais recente edição da obra — a da Seix Barral, de 2004", e prossegue:

> Qual não foi minha surpresa (e decepção) ao constatar que a versão castelhana era significativamente diferente do original polonês, com parágrafos inteiros suprimidos, novas passagens e frases com sentido diverso do que trazia a edição polonesa. Para mim fiou claro que o grupo de tradutores, contando com a anuência do autor, sentiu-se à vontade para alterar o texto original — algo que eu, no entanto, contratado para traduzir diretamente do polonês, não tinha o direito de fazer.[57]

Essa preocupação é legítima, principalmente vinda de um tradutor que não tem a anuência do autor do texto para fazer grandes modificações em sua obra. Aqui, cabe ao tradutor aplicar os truques que sabe fazer com a linguagem do idioma para o qual irá traduzir, a fim de que essa nova linguagem se assemelhe à do texto de partida.

É um truque, uma espécie de ilusão de óptica, como aquelas usadas pelos mágicos que nos fazem acreditar que é possível transformar uma flor num pássaro e que flor e pássaro são a mesma coisa.

A propósito do tradutor/mágico, ele tem ainda outro truque em seu repertório, o de se tornar, de repente, invisível, de sumir em cena. Recentemente o tradutor Piotr Kilanowski, com quem tenho dialogado mais estreitamente e que tem me introduzido à literatura polonesa, traduziu *Eu construía a barricada*, da escritora polonesa Anna Świrszczyńska

[57] Ibidem, p. 346.

(1909-1984). O livro foi publicado por uma pequena editora de Curitiba, Dybbuk, e é um relato contundente sobre o Levante de Varsóvia, um dos acontecimentos mais assombrosos da Segunda Grande Guerra, quando, em 1944, os poloneses lutaram durante 63 dias para libertar a capital do país do controle nazista. Por meio da tradução de Kilanowski, o leitor brasileiro poderá testemunhar esse acontecimento bárbaro que não fez parte da história do Brasil.

O relato de guerra de Anna Swir, como a escritora é conhecida em países anglofalantes, é desconcertante e narrado de forma seca e direta, sem nenhum sentimentalismo, como se a autora estivesse "entorpecida" por tudo que presenciou; pelo menos é assim que nos chegam seus versos na tradução de Kilanowski para o português: "Rezam em voz alta a ladainha pelos moribundos,/ emudecem/ no meio da palavra./ O bombardeiro mergulha acima do telhado./ Passou/ Estrondo. A morte abateu outra casa, outras pessoas./ Respiram, volta-lhes a fala./ — Essa caiu mais longe, senhor./ — Que sorte, senhora".[58]

Há que se destacar ainda, como lembra Kilanowski em seu esclarecedor texto introdutório, que Anna é uma escritora feminista, "talvez a mais importante poeta feminina polonesa depois da guerra", que apresenta "a sexualidade e a corporalidade femininas em suas glórias e sofrimentos".[59] Anna descreve soldados (mulheres) de cabelos longos e corpos destroçados; escoteiras que lutam como soldado e sonham estar num baile — "Quando morreu puseram-lhe o

---

[58] SWIRSZCZYNSKA, Anna. *Eu construía a barricada*. Tradução: Piotr Kilanowski. Curitiba: Dybbuk, 2017, n.p..

[59] Ibidem, n.p.

vestido/ e ficaram as quatro em posição de sentido/ junto à sua cama por uma hora" —, e mães que agonizam enquanto seus filhos vão à luta e as esquecem.[60]

Eu construía a barricada é um relato de guerra do ponto de vista da mulher, ainda que a autora soubesse que "a guerra não tem rosto de mulher". Cabe destacar, contudo, que na sua epopeia da guerra a mulher não é uma heroína; ela é apenas a testemunha da história: "Filhinha, eu não fui uma heroína/ as barricadas sob o tiroteio, todos construíram/ mas eu vi heróis/ e sobre isso preciso falar".[61]

A propósito da voz feminina na obra de Anna Swir, recebi de Kilanowski, em primeira mão, alguns poemas já vertidos para o português por ele próprio em que ela discorre sobre a questão da mulher de modo amplo. São poemas de cunho feminista, nos quais ela contesta o papel da mulher na sociedade e dentro de uma história que vem sendo contada há séculos. Diz o poema "Coragem": "Não serei escrava de nenhum amor./ A ninguém/ entregarei o objetivo da minha vida,/ meu direito de crescer incessantemente/ até o último suspiro.// Atada pelo obscuro instinto da maternidade,/ ávida por ternura como um asmático por ar,/ com que labuta construo em mim/ meu belo e humano egoísmo,/ reservado há séculos/ para o homem".

Leio os poemas de Anna Swir, ouço a voz da poeta, mas por trás dessa voz em português há uma voz masculina, a voz do tradutor, que, tal como o mágico, em algum momento sumiu de cena, iludiu o leitor, no caso a leitora, eu.

---

[60] Ibidem, n.p.
[61] Ibidem, n.p..

Aliás, estar presente e ter que desaparecer, esse é, diria, o paradoxo em que vive o tradutor, que é, em certo sentido, coautor do texto, pois o que lemos em uma tradução é a leitura do tradutor. Mas ainda que seja coautor, o tradutor precisa ficar invisível para que seu texto seja convincente e que ele se passe por outro que ele não é.

A esse respeito, vale lembrar contudo que, como diria Kantor, o ator, comparado aqui com o tradutor, é um "— exibicionista descarado,/ — simulador fazendo demonstração de lágrimas,/ — do riso,/ — do funcionamento de todos os órgãos,/ — de auges do ânimo, do coração, das paixões,/ — do ventre/ — do pênis,/ — o corpo exposto a todos os estímulos,/ — todos os perigos/ — e todas as surpresas;/ — ilusionista [...]/ –ator/ — não vivente/ — a não ser na imaginação".[62]

Voltemos ao mágico, ele é também quem traz à luz o que estava escondido no punho da manga da camisa dele ou do espectador, ou o que estava atrás da orelha do espectador. Assim, é o tradutor que traz à luz outra cultura, outra forma de ver o mundo, outros conceitos; a tradução enriquece a língua. Sem tradução ficamos como os seres do poema "O Senhor Cogito — anotações da casa morta", de Zbigniew Herbert, em tradução de Piotr Kilanowski, "enfileirados no fundo do templo do absurdo// [...] como frutos caídos da árvore da vida/ apodrecendo separadamente/ cada um à sua maneira".[63]

---

[62] KANTOR, op. cit., p. 138.
[63] Disponível em: <http://qorpus.paginas.ufsc.br/teatro-na-praia/edicao-n-024/poemas-de-zbigniew-herbert-traducoes-de-piotr-kilanowski/>. Acesso em: 12 de agosto de 2021.

É assim, por meio da tradução, que conheço a literatura polonesa, a cultura polonesa, que se impregnam na minha cultura, na minha escrita em português, no meu país, tão distante da Europa, da Polônia. Por essa tradução, de repente, pode-se perceber que o Brasil não está tão longe da Polônia, que em algum momento nossas histórias se cruzam, que há muito em comum entre nós. Quando Anna Swir escreve sobre o Levante de Varsóvia, por vezes pensamos que ela bem poderia estar falando sobre a vida dos jovens em muitas comunidades pobres espalhadas pelo Brasil. Diz o poema "Os braços que choram", da poeta polonesa: "Sua morte tem dezesseis anos/ Agonizando ensanguentada na calçada/ como vai saber que está agonizando./ Está tão completamente preenchida de juventude,/ que até sua agonia é jovem./ Não sabe morrer./ Afinal, é a primeira vez que está morrendo".[64]

---

[64] SWIRSZCZYNSKA, op. cit., n.p.

Alice no cinema: uma recriação de Jan Svankmajer

No final de *Alice no País das Maravilhas*, do escritor inglês Lewis Carroll (1832-1898), a irmã mais velha de Alice imagina como será aquela menininha depois de crescida e se pergunta se ela ainda guardará da infância a imaginação fantasiosa:

> Por fim, imaginou como seria essa mesma irmãzinha quando, no futuro, fosse uma mulher adulta; e como conservaria, em seus anos maduros, o coração simples e amoroso de sua infância; e como iria reunir outras criancinhas à sua volta e tornar os olhos *delas* brilhantes e impacientes com muitas histórias estranhas, talvez até com o sonho do País das Maravilhas de tantos tempos atrás; e como iria sofrer com todas as suas mágoas simples dessas crianças, e encontrar prazer em todas as alegrias simples delas, lembrando sua própria vida de criança, e os dias felizes de verão.[65]

O filósofo alemão Walter Benjamin afirma, todavia, que resgatar o passado por inteiro é tarefa impossível. Segundo Benjamin, o passado vem sempre envolto na "poeira de nossas moradas demolidas" e influenciado pelas nossas experiências posteriores. O passado só consegue sobreviver, portanto, como ficção, como adaptação dele mesmo.[66]

---

[65] CARROLL, Lewis. *Alice*. Tradução de Maria Luiza X. de A. Borges. Rio de Janeiro: Zahar, 2009, p. 149, grifo do autor.

[66] BENJAMIN, Walter. *Rua de mão única*: obras escolhidas. Volume II. Tradução de Rubens Rodrigues Torres Filho e José Carlos Martins Barbosa. São Paulo: Brasiliense, 1995, p. 105.

A adaptação, como afirma a estudiosa canadense Linda Hutcheon, é sempre "uma repetição, porém sem replicação, unindo o conforto do ritual e do reconhecimento com o prazer da surpresa e da novidade. *Como adaptação*, ela envolve memória e mudança, persistência e variação".[67] Talvez Alice, se a considerarmos agora uma pessoa real, nunca mais contará seu sonho da mesma forma, como supôs a sua irmã, porém não devemos apressadamente concluir que, por causa disso, o seu "novo" sonho não terá valor. O "novo" sonho será uma adaptação do primeiro, e essa adaptação não deverá seu "sucesso" à fidelidade ao texto original.

Além disso, quem poderá nos garantir que a história narrada oralmente por Lewis Carroll, durante um passeio de barco com Alice Liddell e suas irmãs, é exatamente aquela história improvisada que ele posteriormente decidiu passar para o papel e que agora nós lemos como um dos clássicos da literatura de língua inglesa?

Alice no País das Maravilhas ganhou muitas adaptações (muitas traduções, eu diria) ao longo dos anos, desde adaptações "simplificadas" para crianças — como se o livro não tivesse sido escrito a pedido de uma criança, a própria Alice Liddell — até versões muito mais enigmáticas e soturnas do que próprio livro, como é o caso da versão para o cinema do cineasta tcheco Jan Svankmajer (1934 -), *Alice*, de 1989.[68]

Em *Alice,* Jan Svankmajer combinou técnicas de animação com a atuação de uma atriz mirim, Kristyna Kohoutova, o que, num primeiro momento, pode levar o espectador a

---

[67] HUTCHEON, Linda. *Uma teoria da adaptação*. Tradução de André Cechinel. Florianópolis: Editora da UFSC, 2011, p. 229-230, grifo da autora.

[68] ALICE in Wonderland Magnus Opus. Direção: Jan Svankmajer. 2007. DVD.

associar o filme diretamente com o público infantil. Esse, porém, não é o caso da adaptação cinematográfica de Svankmajer, que, do enredo original de Carroll, ressaltou o seu aspecto onírico explorando o que nele tem de mais sombrio e apavorante. O filme do diretor tcheco assume, assim, características de verdadeiro pesadelo e adentra, muitas vezes, o gótico e o grotesco.

No filme de Svankmajer, Alice não é mais uma inocente garotinha (tal como ela foi retratada originalmente por John Tenniel), que se vê de repente sozinha num mundo do qual desconhece as regras mais elementares de convivência social. Na adaptação tcheca para o cinema, que entendo aqui como um tipo de tradução de uma mídia (a página) para outra (a tela), Alice é um ser enigmático e se revela, aos poucos, tão ou mais apavorante do que os outros personagens desse estranho País das Maravilhas.

Outro personagem conhecido de *Alice no País das Maravilhas* é o Coelho Branco, que na versão original parece mais assustado — sempre com receio de chegar atrasado ou de fazer algo que mereça punição — do que assustador:

> Era o Coelho Branco caminhando de volta, devagar, olhando ansioso para todos os lados como se tivesse perdido alguma coisa; e ela o ouviu murmurar consigo mesmo: 'A Duquesa! A Duquesa! Oh, minhas patas queridas! Oh, meu pelo e meus bigodes! Vai mandar me executar, tão certo quanto doninhas são doninhas![69]

---

[69] CARROLL, Lewis. *Alice*. Tradução de Maria Luiza X. de A. Borges. Rio de Janeiro: Zahar, 2009, p. 43.

No filme de Svankmajer, contudo, o Coelho Branco é tão ameaçador quanto a Rainha de Copas, e está sempre carregando facas, tesouras, alfinetes. Nesse pesadelo tcheco, que certamente paga tributo a Franz Kafka, o espectador não encontra nenhum momento de conforto, ao contrário do que acontece com o leitor de *Alice*, de Carroll, que sempre tem motivos para sorrir, mesmo quando ele se depara com personagens absolutamente agressivos, como é o Grifo, a Lagarta etc. No nonsense de Carroll, opina Jean-Jacques Lecercle, a preocupação com o *agon* é exagerada demais para ser sincera.[70] Desse modo, não conseguimos levar totalmente a sério os xingamentos dos personagens do escritor inglês.

Coelho Branco, Alice, de Jan Svankmajer

[70] LECERCLE, Jean-Jacques. *Philosophy of nonsense*. Londres: Routledge, 1994, p. 100.

O leitor de Carroll encontrará, em suma, passagens leves e engraçadas, repletas de arbitrariedades. No capítulo terceiro, "Uma corrida em comitê e uma história comprida", por exemplo, algumas aves e outros bichos se espalharam por uma pista de corrida e

> começaram a correr quando bem entenderam e pararam também quando bem entenderam, de modo que não foi fácil saber quando a corrida havia terminado. Contudo, quando estavam correndo já havia uma meia hora, e completamente secos de novo, o Dodô de repente anunciou: 'A corrida terminou!' e todos se juntaram em torno dele, perguntando esbaforidos: 'Mas quem ganhou?'[71]

Poder-se-ia dizer, talvez, que o filme de Svankmajer está muito mais próximo da estética "absurda" do dramaturgo irlandês Samuel Beckett (1906-1989), sem excluir algumas pitadas estratégicas de Kafka, do que propriamente do nonsense inglês de Lewis Carroll, muito mais ameno e poético.

Roland Barthes afirma que a dramaturgia de meados do século XX, na França, em especial aquela que foi chamada de "teatro do absurdo", e da qual Beckett era um dos pilares, "tende, não a contestar a pessoa humana, mas, o que talvez seja mais incômodo, a fazer como se ela não existisse".[72] Carroll não contestava a pessoa humana, contestava apenas que essa pessoa tivesse uma ideia imutável sobre ela mesma, uma vez que Alice está sempre em transformação. Quando

---

[71] CARROLL, Lewis. *Alice*. Tradução de Maria Luiza X. de A. Borges. Rio de Janeiro: Zahar, 2009, p. 36.

[72] BARTHES, Roland. *Escritos sobre teatro*. Tradução de Mário Laranjeira. São Paulo: Martins Fontes, 2007, p. 301.

a Lagarta pergunta a Alice quem ela é, ouve a seguinte resposta: "Eu... eu mal sei, Sir, neste exato momento... pelo menos sei o que eu *era* quando me levantei esta manhã, mas acho que já passei por várias mudanças desde então".[73]

Enquanto Carroll faz Alice diminuir e crescer, ou seja, modificar-se, Svankmajer faz a personagem desaparecer, restando dela, muitas vezes, só uma boca sem rosto, a qual narra a história, numa cena muito semelhante à boca que "atua" na peça *Not I* (1972), de Samuel Beckett. A Alice de Svankmajer não mais dialoga com personagens "impossíveis", mas mergulha num interminável monólogo sombrio que nos leva a pensar numa desesperada solidão, própria dos personagens beckettianos.

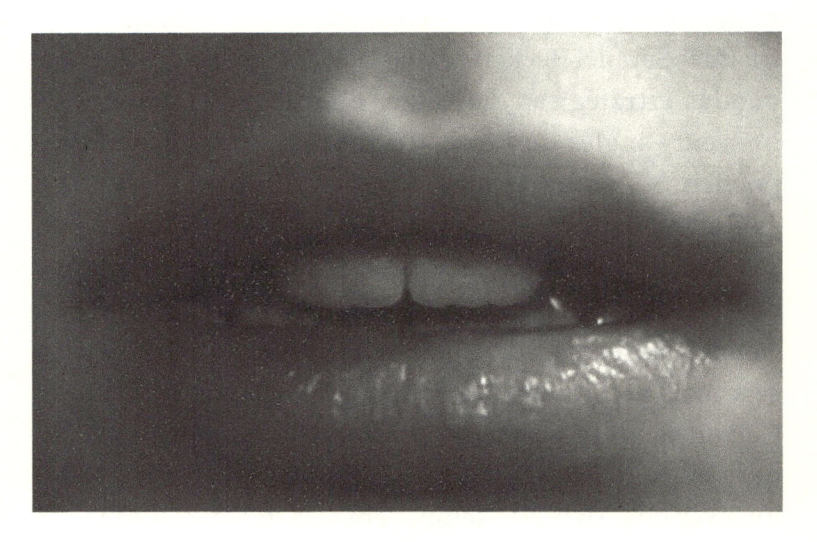

Alice, Jan Svankmajer

[73] CARROLL, Lewis. *Alice*. Tradução de Maria Luiza X. de A. Borges. Rio de Janeiro: Zahar, 2009, p. 55.

A complexa "tradução" de Svankmajer não parece ter levado em conta um público específico. O filme do cineasta tcheco não "estica e encolhe" com tanta facilidade quanto o livro de Carroll, que fascina leitores das mais variadas idades. Contudo, Svankmajer não parece preocupado com um receptor ideal, o qual caracterizaria, segundo Walter Benjamin, a intenção de toda má obra, seja ela uma tradução convencional ou, como neste caso, antes de tudo um diálogo entre duas mídias:

> Nunca, levar em consideração o receptor de uma obra de arte ou de uma forma artística revela-se fecundo para o seu conhecimento. Não apenas o fato de estabelecer uma relação com determinado público ou seus representantes constitui um desvio; o próprio conceito de um receptor 'ideal' é nefasto em quaisquer indagações de caráter estético, porque estas devem pressupor unicamente a existência e a essência do homem em geral.[74]

Em sua adaptação de *Alice*, Svankmajer adota uma estética pessoal e dialoga com os conceitos de grotesco, de horror e de surrealismo... Sua adaptação, portanto, não pode ser comparada a outras da Disney, nem mesmo à recente adaptação de Tim Burton, cujo mestre, no entanto, é Edward Gorey (1925-2000), discípulo de Carroll e Edward Lear, os pais do nonsense inglês.

As adaptações da Disney têm um público específico, as crianças, e fala para esse público específico como todo filme comercial. Além disso, as versões da Disney,

---

[74] BENJAMIN, Walter. A tarefa do tradutor. Tradução de Susana Kampff Lages. In: HEIDERMANN, Werner. *Clássico da teoria da tradução*. Florianópolis: UFSC/ Núcleo de Pesquisa em Literatura e Tradução, 2010, p. 203.

principalmente a de Tim Burton, enfatizam os momentos de ação e redundam na aventura eletrizante e, desse modo, visam acima de tudo satisfazer a um tipo estereotipado de espectador. Esses diretores aparentemente compartilharam os princípios elucidados por Erwin Panofsky, em destaque o simples prazer "de as coisas parecerem mover-se, não importa que coisas fossem".[75]

Se nos filmes da Disney sobra movimento e aventura, reduz-se neles o conteúdo estético. No filme de Svankmajer, os poucos movimentos e, em decorrência, as poucas ações nos conduzem, graças à sua elaborada linguagem, a uma atmosfera claustrofóbica, como se estivéssemos caindo na estreita toca do coelho ou trancados para sempre na casa do Coelho Branco.

[75] LECERCLE, Jean-Jacques. *Philosophy of nonsense*. Londres: Routledge, 1994, p. 345.

Eco, Juno, Narciso e a tradução

Em *Metamorfoses*, Ovídio conta a história da deusa Juno, que desconfiava, com razão, das constantes viagens de seu marido Júpiter ao mundo dos mortais, onde ele a estava traindo. Por isso, ela resolveu prendê-lo no Olimpo. Desesperado, Júpiter lembrou-se de Eco, uma ninfa de talento retórico inigualável, que, com suas conversas, distraía qualquer um. A pedido de Júpiter, Eco distraiu Juno enquanto ele se divertia com outras ninfas. Juno, ao perceber que fora enganada por Eco, pune a ninfa condenando-a a não mais falar. Eco só conseguiria doravante repetir os últimos sons ouvidos, o que a impossibilitava de comunicar, por intermédio da fala, os seus próprios desejos, inquietudes etc.

A pesquisadora italiana Adriana Cavarero, no livro *Vozes plurais: filosofia da expressão vocal*, afirma que "a moça [Eco] é transformada em um efeito de ressonância. Não pode falar antes, mas não pode calar. Fala depois, depende dos discursos alheios dos quais, privada de iniciativa, é apenas um eco".[76]

No contexto da tradução, Eco poderia ser comparada, talvez, à figura do tradutor, se este for "amaldiçoado" pelos leitores a reverberar apenas as palavras do autor, a viver à margem de quaisquer falantes, ou melhor, a ser dependente de outros falantes. A mera repetição é, então,

---

[76] CAVARERO, Adriana. *Vozes plurais*: filosofia da expressão vocal. Tradução: Flavio Terrigno Barbeitas. Belo Horizonte: Editora da UFMG, 2011, p. 194, 195.

uma maldição, a maldição imposta por uma deusa ou uma tradição cultural; e uma maldição é sempre algo negativo, razão pela qual o tradutor precisaria, compreensivelmente, se livrar dela. Livre da maldição ele poderia ir além da mera reverberação das palavras ouvidas, ele poderia recontá-las e recontextualizá-las.

A maldição de Eco, porém, vai além da mera repetição: as palavras que profere, separadas do contexto, frequentemente, "assumem um sentido diverso".[77]

Se o tradutor fosse Eco, que papel caberia ao crítico da tradução nesse mito recontado por mim? Às vezes, caberia a ele o papel de Juno, pois impediria o tradutor Eco de falar livremente.

Então, diria que, em primeiro lugar, considerando minha própria concepção de tradução, o tradutor tem que se livrar da maldição de Eco; em segundo lugar, o crítico não deveria condená-lo, como fez Juno, a fazer papel de Eco.

Narciso, contudo, foi ainda mais nocivo do que Juno para Eco. Depois de amaldiçoada por Juno, Eco passou a viver escondida e num bosque, entre arbustos, viu Narciso e se apaixonou por ele. Narciso passou a falar com ela, mas a ninfa, condenada a repetir os últimos sons que o interlocutor profere, foi mal compreendida por ele. Narciso convida a ninfa a "reunir-se" a ele e ela ecoa a palavra "unir-se", que Narciso interpreta como se Eco quisesse ter relações íntimas com ele. Eco abraça Narciso, que, escandalizado, a abandona.

A ninfa chega à conclusão de que nem mesmo através de seu corpo é capaz de comunicar-se. Diz o estudioso brasileiro

[77] Ibidem, p. 195.

Donaldo Schüler: "Recusada, os músculos endurecem. Eco tornou-se paralítica, virou rocha, rocha sonora".[78] E, arremata Cavarero, "Eco se torna finalmente eco".[79] Eco, escrito com a inicial maiúscula, é um nome próprio; ela ainda tem em si o som de sua própria voz; com letra minúscula é um substantivo comum, não há nada de próprio; eco "é pura voz de ressonância sem corpo. Sem boca nem garganta nem saliva, sem um semblante humano nem uma figura visível",[80] finaliza a estudiosa italiana.

O equívoco de Narciso foi não ter dialogado com Eco, mas apenas com ele mesmo.

Voltando ao paralelo que faço entre os personagens míticos e o tradutor e o crítico da tradução, diria que o crítico precisaria dialogar mais com o tradutor e considerar melhor o contexto da tradução, assim como o livro ou a publicação em que ela se insere, os quais constituem, por assim dizer, o corpo do tradutor.

Vale lembrar que, como afirma Cavarero, "Eco repete sons. Se esses sons, separados do contexto da frase, recompõem-se em palavras que ainda significam alguma coisa, ou melhor, significam outra coisa, esse é um aspecto que diz respeito a quem ouve, não à ninfa";[81] pois a ninfa repete apenas o que ela ouve.

O tradutor, como Eco, traduz o que "ouve" do autor. Traduzir é um ato pessoal; cada um ouve o que quer e o que pode, e traduz conforme seu ponto de vista e sua capacidade

---

[78] SCHÜLER, Donaldo. *Narciso errante*. Petrópolis: Vozes, 1994, p. 42-43.
[79] CAVARERO, op. cit., p. 195.
[80] Ibidem, p. 195
[81] Ibidem, p. 195-196.

profissional ou criativa. O tradutor ouve e repete, mas com seu timbre de voz, com sua *phoné*, que está marcada em cada uma de suas escolhas.

A voz de Eco nascia de um mecanismo involuntário de ressonância; mas quando ela ainda possuía um corpo humano e um timbre de voz, estes ainda podiam lhe inferir uma particularidade. Eco ocupava-se em repetir, mas essa repetição personificada ganhava outra dimensão.

Por um lado, o tradutor afasta-se de Eco, pois, a menos que seja uma máquina do tipo Google Tradutor não parte de um mecanismo involuntário de repetição; se partir, convenhamos, não é um bom tradutor. Por outro lado, tal como Eco, mas ainda com corpo e timbre próprios, ele repete o autor, mas está consciente de que toda repetição carrega uma mudança, já que traz características que são dele e não do autor.

A propósito da repetição, segundo Adriana Cavarero, "justamente a repetição, conhecido expediente performativo que é indispensável à língua para estabilizar os significados, torna-se um mecanismo que produz o efeito oposto".[82] Um exemplo seria a famosa frase da escritora norte-americana Gertrude Stein, a qual ecoa a voz de Shakespeare, que, em *Romeu e Julieta*, coloca na boca da protagonista a seguinte frase: "De que vale um nome, se o que chamamos rosa, sob outra designação, teria igual perfume?". Stein parece provocar Shakespeare, ao mostrar que uma rosa nem sempre é uma rosa. Para tanto, ela se vale da repetição. Em *Sacred Emily*, "*a rose is a rose is a rose is a rose*" (literalmente "uma

---

[82] Ibidem, p. 197.

rosa é uma rosa é uma rosa é uma rosa") é um verso que, se lido em voz alta, pode se transformar em outra coisa: ouve-se nele também o verbo *arose* (surgir, brotar etc.) no lugar de *a rose* (uma rosa). Aliás, essa frase é complexa porque essa mesma rosa pode "ser" ou "estar", do verbo *to be*, uma rosa.

Na língua portuguesa, a tradução mais conhecida do verso de Stein é "Uma rosa é uma rosa é uma rosa". Nem todos os significados contidos na frase reaparecem na nossa língua oficial, mas é interessante notar que o verso ressurge aqui, e está mais próximo de Shakespeare do que de Stein. O tradutor ouviu Stein e traduziu o que ouviu, como interpretou o que ouviu ou como conseguiu reproduzir o que ouviu. Melhor assim do que se calar para sempre.

O tradutor seria, a meu ver, Eco, mas com corpo e timbre próprios, que repete outra voz modificando aquilo que repete, dando novo corpo e nova voz à palavra. Espera-se que o crítico esteja atento a isso, a essa repetição repleta de diferenças; do contrário, ele correrá o risco de, como Narciso, matar as únicas coisas que sobraram a Eco: seu corpo e sua voz.

Aceitação e rejeição do tradutor

O imbróglio em torno de quem pode ou não traduzir os poemas da ativista norte-americana Amanda Gorman, a jovem poeta negra que se apresentou no dia da posse do presidente norte-americano Joe Biden, em 2021, traz à tona uma série de questões, muitas das quais já vêm sendo discutidas há algum tempo, e outras apenas recentemente. Todas, contudo, seguem sem uma resposta pronta, fácil ou consensual.

O tradutor, na prática, dificilmente (se não nunca) conseguirá repetir *ipsis litteris* o escritor em outra língua. Aliás, o tradutor não é *alter ego* do autor, por mais que conheça a língua de partida, a sua cultura e a sua biografia. A esse respeito, vale lembrar que nem mesmo os autores que se autotraduzem se repetem, pois, em primeiro lugar, quando se releem já não se veem como autores do texto, mas como seus leitores (a teoria da "morte do autor", parece-me, já está consagrada). Se, como dizem, o tradutor é o leitor ideal, sabe-se que ele "tem uma capacidade ilimitada de esquecer", por isso está sempre reinventado o texto, como afirma Alberto Manguel.

Obviamente, há uma ética e uma medida para essa recriação, das quais nenhum tradutor sério se afastará. O que não se deveria, a meu ver, é lançar sobre o tradutor uma maldição que o transforme na figura mítica de Eco, que perde até mesmo o timbre de sua voz, ficando condenada a

reverberar a fala dos outros como uma rocha, ou seja, algo impessoal — acaba, assim, não conseguindo se comunicar mais.

Claro que a escolha de um tradutor para Gorman leva em conta algo político de extrema importância: dar preferência a uma voz negra, mais apropriada à postura ativista da poeta, embora, pelo que se sabe, ela não tenha reprovado nenhum dos tradutores que até agora se dispuseram a traduzi-la, mas que foram "dispensados" da empreitada por pressões externas.

Essa discussão, embora importante, não deveria eclipsar a obra de Gorman ou de qualquer outro escritor. As duas discussões — sobre a obra e sobre o tradutor — deveriam ocorrer lado a lado, sempre tendo em mente que sem a tradução a voz da poeta não será ouvida por uma boa parte dos leitores não falantes da língua inglesa, os quais, talvez, antes mesmo de conhecer a escritora, passem a discutir a escolha de seu tradutor.

Muitas editoras brasileiras já vêm refletindo sobre essa questão e têm dado preferência, quando se trata de traduções de autoras ou autores negros, a tradutoras ou tradutores também negros. Essa escolha tem a ver com a questão política, mas não só com ela; muitos dos nomes que assinam as versões dessas obras para o português são especialistas nas escritoras ou escritores traduzidos e/ou nos temas abordados. Esse é o caso de Lubi Prates, que traduziu a poesia completa de Maya Angelou; de Stephanie Borges, que traduz, entre outras, Audre Lorde; de Jess Oliveira, tradutora de *Memórias da Plantação*, de Grada Kilomba, etc.

Por outro lado, a escritora feminista nigeriana Chimamanda Ngozi Adichie foi traduzida para o português por algumas mulheres brancas, entre as quais, Julia Romeu e Denise Bottmann, e sabe-se que o feminismo negro tem suas especificidades. O fato de essas traduções terem sido assinadas por essas tradutoras não significa, porém, que elas não tenham valor ou que os textos da língua de partida não foram devidamente vertidos para a nossa língua. Aliás, graças a elas, e também ao interesse da editora na publicação de determinados títulos, o leitor pode ter acesso às ideias da escritora.

Seguindo a lógica da polêmica em torno da tradução dos poemas de Gorman, as obras de escritoras feministas deveriam ser traduzidas apenas por mulheres. Devo recordar que a obra de Virginia Woolf, por exemplo, vem sendo traduzida por homens e mulheres por aqui. É através da tradução, entre outros, de Hélio Pólvora, Jorio Dauster, Raul de Sá Barbosa, Mário Quintana e Tomaz Tadeu da Silva, o qual, especialmente, vem se dedicando com afinco à tradução de importantes obras da escritora inglesa, que temos acesso à obra de Woolf por aqui. Essas traduções me parecem tão eficazes quanto aquelas assinadas por Lya Luft, Cecília Meireles, Denise Bottmann...

Partindo da premissa de que o tradutor deva pertencer à mesma etnia, ter as mesmas posições políticas e ser do mesmo sexo do autor, o que faremos com as traduções de Woolf assinadas por homens? E o que faremos com as traduções de autoras negras brasileiras traduzidas por homens no exterior? Imagino que, em 1962, um pouco da

vida das mulheres nas favelas brasileiras tenha ganhado destaque para os falantes da língua inglesa em parte por causa da tradução de *Quarto de despejo* (*Child of the Dark*), de Carolina Maria de Jesus, assinada pelo jornalista David St. Clair. Essa tradução impulsionou novas traduções da escritora brasileira e estudos sobre a sua obra.

A propósito, as obras de escritores podem ser traduzidas por mulheres? Será que traduzir James Joyce e Marcel Proust é trabalho só para homens brancos?

Espero que logo os poemas de Amanda Gorman sejam traduzidos para o português e que ela não permaneça em silêncio por muito mais tempo por aqui.

Frankenstein e o tradutor

Em um dos capítulos do livro *Uma história natural da curiosidade*, o escritor argentino Alberto Manguel faz uma breve, porém instigante, reflexão sobre o estatuto da tradução. Ao comparar traduções de um conto dos irmãos Grimm para diferentes idiomas, ele chega à conclusão de que o texto muda de identidade de uma língua para outra, mas permanece o mesmo: "um texto pode adquirir identidades diferentes em idiomas diferentes, processo no qual cada parte constituinte é descartada e substituída por alguma outra coisa: vocabulário, sintaxe, gramática e música, bem como características culturais, históricas e emocionais".[83] Mas como é que o texto pode permanecer o mesmo diante dessas identidades sempre cambiantes ou como essas identidades cambiantes se mantêm como uma identidade única? Ou, ainda, o que permite dizer que traduções de um mesmo texto são um só texto? Esses são alguns dos questionamentos levantados por Manguel, que compara o texto a uma pessoa e que, citando um antigo enigma filosófico, segue com sua reflexão se perguntando "se uma pessoa que teve cada parte de seu corpo substituída por órgãos e membros artificiais continua a ser a mesma pessoa. Em qual de nossos membros reside nossa identidade?

---

[83] MANGUEL, Alberto. *Uma história natural da curiosidade*. Tradução: Paulo Geiger. São Paulo: Companhia das Letras, 2016, p. 95-96.

Em que elemento de um poema reside o poema?".[84] Para o escritor argentino, é esse "o cerne do mistério".[85]

Vejamos, como exemplo, o poema "O Corvo", de Edgar Allan Poe, em tradução de Machado de Assis e de Fernando Pessoa, dois dos maiores mestres da língua portuguesa. Trago aqui as duas primeiras estrofes do poema:

The Raven
Edgar Allan Poe

Once upon a midnight dreary, while I pondered, weak and weary,
Over many a quaint and curious volume of forgotten lore —
*   While I nodded, nearly napping, suddenly there came a tapping,*
*   As of some one gently rapping, rapping at my chamber door.*
"Tis some visitor," I muttered, "tapping at my chamber door —
*   Only this and nothing more."*

Ah, distinctly I remember it was in the bleak December;
And each separate dying ember wrought its ghost upon the floor.
*   Eagerly I wished the morrow; — vainly I had sought to borrow*
*   From my books surcease of sorrow — sorrow for the lost Lenore—*
For the rare and radiant maiden whom the angels name Lenore—
*   Nameless here for evermore.*

O Corvo
Fernando Pessoa

Numa meia-noite agreste, quando eu lia, lento e triste,
Vagos, curiosos tomos de ciências ancestrais,
E já quase adormecia, ouvi o que parecia
O som de alguém que batia levemente a meus umbrais.

---

[84] Ibidem, p. 96.
[85] Ibidem, p. 96.

"Uma visita", eu me disse, "está batendo a meus umbrais.
É só isto, e nada mais.»

Ah, que bem disso me lembro! Era no frio dezembro,
E o fogo, morrendo negro, urdia sombras desiguais.
Como eu qu'ria a madrugada, toda a noite aos livros dada
P'ra esquecer (em vão!) a amada, hoje entre hostes celestiais —
Essa cujo nome sabem as hostes celestiais,
Mas sem nome aqui jamais!

O Corvo
Machado de Assis

Em certo dia, á hora, á hora
    Da meia noite que apavora,
Eu, cahindo de somno e exhausto de fadiga,
    Ao pé de muita lauda antiga,
    De uma velha doutrina, agora morta,
Ia pensando, quando ouvi á porta
Do meu quarto um soar devagarinho
    E disse estas palavras taes:
«É alguem que me bate á porta de mansinho;
«Ha de ser isso e nada mais.»

    Ah! bem me lembro! bem me lembro!
    Era no glacial Dezembro;
Cada braza do lar sobre o chão reflectia
    A sua ultima agonia.
    Eu, ancioso pelo sol, buscava
    Saccar d'aquelles livros que estudava
Repouso (em vão!) á dôr esmagadora
    D'estas saudades immortaes
Pela que ora nos céus anjos chamam Lenora,
    E que ninguem chamará mais.

Machado de Assis e Fernando Pessoa mudaram as palavras do texto, a sintaxe, a musicalidade, as rimas, mas preservaram, parece-me, a atmosfera gótica, a narrativa e o ritmo hipnótico do texto de partida. Ivo Barroso, grande estudioso do poema de Poe, afirma que

> desde sua publicação, em 29 de janeiro 1845, já o primeiro resenhador chamava a atenção do público americano para os efeitos de aliteração e o jogo de sons em lugares incomuns, dos quais se valia o poeta para criar um clima suscetível de extravasar os sentimentos de perenidade amorosa, de saudade angustiante e de cruel fatalismo que constituem os núcleos geradores do *pathos*, ou da emoção do poema.[86]

A propósito, Barroso afirma que, justamente por não apresentar os elementos acima e por terem traduzido o poema de Poe em prosa, Baudelaire e Mallarmé, "apesar de dois poetas geniais — foram, no entanto, incapazes de reproduzir, em língua francesa, as cores, os timbres e os ritmos do original".[87]

Residiria nesses elementos, e não em outros, o poema de Poe? Ou, como se pergunta Manguel, sem dar a resposta definitiva, "em que elemento do poema reside o poema?", ou "que grau de identidade uma tradução pode reivindicar"?[88]

Segundo Paulo Rónai, em um texto de caráter literário a tradução se torna muito mais complicada, porque "aí o tradutor deve utilizar seus conhecimentos de técnico para conseguir efeitos de arte e provocar emoções estéticas".[89]

[86] BARROSO, Ivo. *O corvo e suas traduções*. São Paulo: Sesi-SP Editora, 2008, p. 17.
[87] Ibidem, p. 17
[88] MANGUEL, op. cit., p. 96.
[89] RÓNAI, Paulo. *A tradução vivida*. Rio de Janeiro: José Olympio, 2012, p. 23.

Sem dúvida nenhuma, esses conhecimentos não faltaram a Machado de Assis e a Fernando Pessoa.

Diante disso, talvez se possa afirmar que, no poema de Poe, assim como em outros textos de caráter literário, a busca do tradutor é alcançar justamente os resultados citados por Rónai. Aquilo que é comum ao texto de partida e à tradução — a capacidade de provocar "emoções estéticas" — revelaria a identidade comum do texto, apesar da questão da identidade cambiante.

A tradução literária não é, portanto, uma atividade meramente mecânica, feita por um indivíduo conhecedor de duas línguas que, como diria Rónai, "vai substituindo, uma por uma, as palavras de uma frase na língua A por seus equivalentes na língua B".[90] Se o tradutor fizer isso, criará, certamente, um texto sem as nuances, que eu chamaria literárias, do texto de partida.

O Google Tradutor faz, por exemplo, essa tarefa mecânica de tradução, o que já era esperado, mas o resultado pode ser útil, como ponto de partida, pelo menos a quem quer esclarecer algo do conteúdo de um texto literário. Se colocarmos no Google Tradutor as duas primeiras estrofes do poema de Poe, ficamos sabendo que o fato relatado se passa à noite, que o protagonista está cansado e triste, e que logo adormece e delira.

Eis a tradução do Google Tradutor:

---

[90] Ibidem, p. 20.

O Corvo

Edgar Allan Poe

Era uma vez à meia-noite triste, enquanto eu ponderava, fraco e cansado,
Ao longo de muitos volumes pitorescos e curiosos de lendas esquecidas —
Enquanto eu assentia, quase dormindo, de repente veio uma batida,
Como alguém batendo suavemente, batendo na porta do meu quarto.
"É algum visitante", murmurei, "batendo na porta do meu quarto —
Só isso e nada mais."
Ah, claramente me lembro que era dezembro;
E cada brasa moribunda separada forjou seu fantasma no chão.
Desejei ansiosamente o dia seguinte; — em vão, procurei pedir emprestado
Dos meus livros, cessação da tristeza — tristeza pela perdida Lenore —
Para a donzela rara e radiante a quem os anjos chamam de Lenore —
Sem nome aqui para sempre.

Essa tradução mecânica deixa de lado, contudo, o ritmo hipnótico do texto de partida, cujas rimas, entre outros artifícios, destacam. Até que ponto a tradução mecânica provoca a emoção estética de que fala Rónai? A tradução mecânica revelaria de fato o poema de Poe? Não faltaria nessa tradução a música capaz de ecoar os efeitos do original?

Mais do que substituir palavras, o tradutor de um texto literário precisa manipulá-las, o que equivale a dizer que ele irá recriar a obra.[91] Essa é a tese do linguista francês Cyril Aslanov, para quem, na tradução, o termo "manipulação" não é necessariamente negativo. Na versão de um texto literário, o tradutor coloca-se numa interlíngua, a qual

---

[91] Essa é a tese de Haroldo de Campos, para quem a tradução, principalmente no tocante a textos criativos, é recriação, ou tradução paralela, autônoma porém recíproca. Para ele, quanto mais impregnado de dificuldades um texto, mais recriável, mais sedutor enquanto possibilidade aberta de recriação.

implica um compromisso entre "o imperativo de fidelidade absoluta" e "a procura por efeitos retóricos e poéticos". Nesse espaço, é como se o tradutor estivesse em uma "farmácia de manipulação":

> Obrigado a dosar as substâncias da língua como o droguista do passado, que misturava os ingredientes das suas drogas, ou como o pesquisador em biogenética, que não é o demiurgo divino, apenas um aprendiz de feiticeiro, o tradutor interfere no processo da produção do texto, atribuindo-se prerrogativas e responsabilidades que deveriam tocar só ao autor.[92]

Partindo da discussão acima, gostaria de comparar agora o tradutor do texto literário ao médico Victor Frankenstein, o protagonista do romance *Frankenstein*, de Mary Shelley, que, em seu laboratório, cria um "ser humano", embora em proporções maiores do que a do ser humano comum.[93] O médico faz isso juntando partes de cadáveres: braços, pernas, olhos, cabelo etc. E, assim, dá como terminada a sua criação.

Victor Frankenstein seria um exemplo de tradutor que apenas junta uma palavra a outra, sem considerar a construção poética do texto. No romance, a criatura, aliás, nem nome tem. Ficou conhecida como Frankenstein, o sobrenome do médico, seu criador.

A identidade humana dessa criatura deveria ter sido construída pelo criador, a fim de torná-la mais próxima

---

[92] ASLANOV, Cyril. *A tradução como manipulação*. São Paulo: Editora Perspectiva; Casa Guilherme de Almeida, 2015, p. 15.

[93] Conferir o mito de Prometeu, que criou figuras à imagem de um deus e aos poucos foi lhes dando educação e poderes especiais.

dele. Mas Victor Frankenstein abandona o trabalho: "o quarto de dissecação e a carniçaria forneciam-me variado material; e não raro minha natureza humana enojada evadia os trabalhos, enquanto, movido por uma força que só crescia, meus esforços chegavam perto de uma conclusão".[94]

Após chegar "perto de uma conclusão", o médico se depara com um conjunto que deveria ser "harmonioso", pois "para sua constituição havia escolhido tudo o quanto encontrara de belo [...]. Sua pele amarelada mal velava o funcionamento de músculos e artérias; seus cabelos, bastos e ondulados, eram de um castanho lustroso, seus dentes, brancos como pérolas". Mas, concluiu Frankenstein: "tanto vigor não produzia senão um pavoroso contraste com a pele seca, os lábios negros e seus olhos úmidos, que pareciam quase da mesma cor das órbitas acinzentadas em que estavam postos".[95]

Quando a criatura olha para o seu criador, ela balbucia sons sem sentido, de modo que não consegue se comunicar.

Victor Frankenstein poderia ser comparado, se o considerarmos como uma metáfora do tradutor, conforme estou propondo aqui, ao Google Tradutor, que, ao fazer a versão de obras literárias, produz textos destituídos de valor artístico.

A criatura, aliás, não consegue se adaptar ao mundo, em primeiro lugar porque nem mesmo fala a língua desse "mundo". De modo que, para sobreviver, precisou mais tarde aprender a falar e a se comunicar: "[...] não obstante muito desejasse apresentar-me àquelas pessoas, não deveria

---

[94] SHELLEY, Mary. *Frankenstein ou o Prometeu moderno*. Tradução: Bruno Gambarotto. São Paulo: Hedra, 2013, p. 76.

[95] SHELLEY, op. cit., p. 79-80.

tentá-lo até que me tornasse primeiro senhor de sua língua, cujo conhecimento me tornaria capaz de fazê-los dar pouca atenção à deformidade de minha figura".[96]

A criatura tinha consciência de que saber a língua significava antes de tudo "comunicação" de "experiências e sentimentos mediante sons articulados": "Percebi que as palavras que falavam às vezes produziam prazer ou dor, sorrisos ou tristeza, nas mentes e nos rostos dos ouvintes".[97]

Ele via-se, ainda assim, como um monstro, uma deformidade falante. Para alguns, a tradução é sempre uma "deformidade", já que nunca refletirá com precisão o texto de partida, não sendo capaz, assim, de falar a sua língua.

Não defendo aqui, é claro, que a tradução seja uma deformidade, pois isso corresponderia a mantê-la no nível despretensioso alcançado pelo Google Tradutor.

Acredito, ao contrário, que a tradução possa ir, enquanto artefato artístico, muito além da capacidade de expressão desse monstro que tenta, talvez em vão, conseguir a adesão do outro, a despeito de sua aparência ameaçadora.

A tradução poderia ser um tipo de "disfarce" — não para ocultar algo desagradável —, mas, como sugere Manguel, ao indagar: ela seria "um disfarce que permite ao texto conversar com os que estão fora de seu próprio círculo, como as roupas de camponês usadas pelo califa Harun Al-Rashid [figura histórica e lendária, que aparece em *As*

---

[96] Ibidem, p. 136.
[97] Ibidem, p. 135.

mil e uma noites], que lhe permitiam se misturar com as pessoas comuns do povo?".[98]

O tradutor sueco Hans Berggren, que verteu mais de 100 livros para o sueco e para o inglês, acredita que o tradutor, como o poeta de Fernando Pessoa, é um fingidor, já que a tradução é um trabalho impossível. Ao falar sobre a tradução de José Saramago, ele diz que quando este

> usou ditados populares (ou próprios), eu tive que usar outros, suecos, que talvez não tinham nada a ver, literalmente, mas que seriam usados em um contexto similar. Fingi. Será que eu mesmo entendi o que li e interpretei com tanto êxito durante tantos anos? Não sei, mas sei que meu trabalho dava a impressão que sim. A tradução é uma obra nova que no melhor caso parece escrita originalmente naquela língua, ao mesmo tempo que se ouve a voz do autor, seu estilo, seu ritmo, sua mensagem, se for possível. O tradutor é movido pelo desejo de entender, mesmo sabendo que isso é algo muito subjetivo, e que o entendimento, na literatura, na ciência ou no social, nunca será total, perfeito.[99]

Mas Manguel segue com a discussão e se pergunta se isso não seria "uma usurpação, como a perpetrada pela criada no conto de Falada [*A pastorinha de gansos,* dos irmãos Grimm], o cavalo falante, a qual toma o lugar de sua senhora e se casa indevidamente com o príncipe".[100]

O que seria então a tradução? E qual seria o papel do tradutor?

---

[98] MANGUEL, op. cit., p. 96.
[99] Em conversa por e-mail.
[100] MANGUEL, op. cit., p. 96.

O cansaço na tradução

Estamos cansados porque a conversa começou há muito tempo, diz o crítico e escritor francês Maurice Blanchot. Essa conversa infinita nos leva a crer que ela vai nos "propor a forma da verdade por excelência, aquela que perseguimos sem trégua toda a nossa vida, mas que necessariamente não atingimos no dia em que ela se oferece, precisamente porque estamos demasiadamente cansados".[101]

O cansaço, quando diz respeito à tradução, significa que ela não pode ser concluída, devendo ser retomada sempre num processo infinito.

A experiência do tradutor pode ser também uma experiência com o "cansaço", nesse sentido discutido por Blanchot, ou seja, antes mesmo de começar uma tradução, a conversa do tradutor com a literatura, com o texto a ser traduzido e com o autor (o qual, por sua vez, já dialogava com outros autores, livros etc.) já começou muito antes. Dessa forma, Blanchot permitiria traçar, talvez, um novo perfil do tradutor.

Segundo essa teoria, o autor (ou o texto do autor) e tradutor, quando se encontram, já estão demasiadamente cansados. Mas "o cansaço que lhes é comum não os aproxima",[102] ao contrário, torna a conversa mais difícil.

---

[101] BLANCHOT, Maurice. *A conversa infinita 1.*: a palavra plural. Tradução: Aurélio Guerra Neto. São Paulo: Escuta, 2001, p. 11-12.
[102] Ibidem, p. 11.

No que tange ao tradutor, diria que é graças ao cansaço gerado por essa conversa infinita com o texto e com o autor que ele toma consciência de que existe uma distância entre eles. Quando uma palavra ou uma frase se introduz entre os dois, ela estabelece ao mesmo tempo o fim de uma história e o começo de um distanciamento. Tomo como exemplo as palavras *for get me nots* que aparece na peça *Sotaques na Alsácia*, de Gertrude Stein, no seguinte contexto:

> *In what way do birds sing. In what way are forests black or white.*
> *We saw them blue.*
> *With for get me nots.*
> *In the midst of our happiness we were very pleased.*

As palavras estão dadas. Se for lida em voz alta, a palavra *nots* pode soar *knots* ("nó" no plural, "nós"), e uma possível tradução seria "para me dar nós". Mas o *with* ("com") que precede essas palavras não permite que essa seja a tradução, ainda que ela esteja ali, como possível ou algo latente. *Forget-me-nots* significa miosótis, também conhecida por não-me-esqueças, uma florzinha usada em enterros que remete à fidelidade e à lembrança. Como traduzir e dar conta de todos esses significados contidos nessas palavras?

Quanto mais "complexo" ou "ambíguo" o texto, quanto mais "fermentada" a palavra, mais o tradutor se encontra numa zona de hiato, em uma lacuna da palavra que ele tenta preencher, mas não pode fazê-lo e transforma essa falta em uma possibilidade.

A tradução começa, então, quando parece já ter acabado, ou seja, ela recomeça cheia de possibilidades em outra cultura e outra língua, em que ela será lida e interpretada e novamente será uma palavra exterior. Diante disso, por que não fazer mais de uma tradução, já que jamais se "ouve a palavra libertadora" desse círculo vicioso que leva ao cansaço? Como enfatiza Blanchot, "o cansaço é repetição, desgaste de todo começo".[103]

O tradutor obedece ao movimento ininterrupto da escrita, que o pensador francês discute: no entanto, às vezes, "ele acredita ter ganho o poder de exprimir-se por intermitência e mesmo o poder de dar a palavra à intermitência. Isso não o torna feliz [...] nem infeliz", prossegue Blanchot, mas o liberta de toda relação com o texto e ele passa a viver com algo que não lhe diz respeito, porém, dele não pode escapar.

Maurice Blanchot lembra que "há um momento na vida de um homem — consequentemente de todos os homens — em que tudo está terminado, os livros escritos, o universo silencioso, os seres em repouso. Resta apenas a tarefa de anunciá-los: é fácil. Mas com essa palavra suplementar cria o risco de romper o equilíbrio". Pois "escreve-se somente o que eu acabo de escrever, finalmente nem isso se escreve".[104]

A tradução seria, a meu ver, essa palavra suplementar, que rompe com o equilíbrio do repouso das palavras já ditas, possibilitando a retomada da conversa. "Falar", como disse Blanchot, "é a nossa chance".[105] O livro fala em outra língua através da tradução: "Você não me escutaria se eu não

[103] Ibidem, p. 20.
[104] Ibidem, p. 14.
[105] Ibidem, p 16.

falasse." — "Mas eu escuto" — "Eu também escuto" — "E o que você ouve?". O texto de partida e o texto de chegada estariam um de frente para o outro, "e no entanto desviados um do outro, olhando-se apenas de longe".[106]

O tradutor se encontra nesse espaço entre a língua de partida e a de chegada, espaço que ele tenta tornar mais estreito, sabendo, contudo, que jamais poderá eliminá-lo por completo. Porém, a tarefa do tradutor é buscar uma solução para essa lacuna, ciente que de poderá encontrar algo diferente daquilo que ele busca.

A respeito do verbo "encontrar", Blanchot adverte que a primeira significação "não é de forma alguma encontrar, no sentido do resultado prático ou científico. Encontrar é tornear, dar volta, rodear [...]. Encontrar é quase exatamente a mesma palavra que buscar, que diz: 'dar a volta em'".[107] Razão pela qual, segunda a minha tese, nenhuma tradução estará pronta, nenhuma tradução será a versão final ou a melhor, pois o tradutor está em eterna errância, no sentido de "voltar e retornar, abandonar-se à magia do desvio".[108]

---

[106] Ibidem, p. 16-17.
[107] Ibidem, p. 64-65.
[108] Ibidem, p. 64.

A revolução dos títulos

Animal Farm — a Fairy Story começou a ser escrito no final de 1943 pelo escritor britânico George Orwell, nome de pena de Eric Arthur Blair, mas só foi publicado em 1945. Duas décadas mais tarde o livro chegou, em língua portuguesa, ao Brasil. O ano era 1964, e nada como um livro contra o comunismo para referendar o golpe militar em curso. O tradutor da versão brasileira era um tenente, Heitor Aquino Ferreira, secretário do general Golbery do Couto e Silva.

A tradução de Ferreira ganhou inúmeras edições e ajudou a consolidar o título *A revolução dos bichos: um conto de fadas*, como o livro passou a ser conhecido por aqui. Para a propaganda anticomunista, um título como *Fazenda dos animais, Granja dos bichos, Sítio dos bichos* etc. certamente não teria o impacto que teve a palavra *revolução* impressa na capa da tradução.

Diferentes propostas de traduções são sempre bem-vindas. Aliás, nenhuma tradução de uma obra pode ser considerada definitiva. Parece que teremos novas versões do clássico inglês em língua portuguesa, depois da recente publicação do livro pela Companhia das Letras em tradução de Paulo Henriques Britto. Tem chamado a atenção o novo título da obra em português: *A fazenda dos animais*.

Em um encontro promovido pela Companhia das Letras, "Ciclo George Orwell. Dia 2: Bate-papo sobre traduzir

Orwell",[109] Paulo Henriques Britto conversou com Caetano Galindo a respeito de sua tradução. Questionado sobre o título, Britto afirmou ter sido uma escolha editorial. Ele pensou primeiramente em manter *A revolução dos bichos*, mas acabou aceitando a sugestão da editora, depois de ler o posfácio de Marcelo Pen para esse volume. Deu-se conta de que o novo título, além de tirar o "ranço" da época dos militares, faz menção direta ao espaço da ação.

Diz Pen em seu texto:

> Assim, no Brasil, recebemos a obra com o famoso título *A revolução dos bichos*, deslocando o foco do fruto do ato para o ato em si, do espaço para a ação. Cabe ressaltar que se trata de um espaço importante, não apenas por revelar um ambiente muito típico da realidade rural inglesa, que Orwell tinha em mente, remetendo à sua infância e às circunstâncias em torno da gênese da obra, mas ainda por indicar aquilo que importa, em termos narrativos, isto é, que a propriedade passa a pertencer aos bichos, ou aos que trabalham nela, não aos que detêm o privilégio, e as consequências e transformações que se dão nessa localidade, depois disso.[110]

O fato é que o título *Animal Farm* é o nome de uma propriedade, algo como o *Sítio do Picapau Amarelo* (muito parecido em termos de tamanho com o sítio de Orwell), ou ainda, a Granja do Torto, a Fazenda das Acácias etc. Isso fica claro no seguinte parágrafo do segundo capítulo do livro:

---

[109] Disponível em <https://www.youtube.com/watch?v=14c9duJ5SzU>
[110] PEN, Marcelo. O animal se torna humano e o humano, animal (um esclarecimento). Posfácio. *In*: ORWELL, George. *A fazenda dos animais*: um conto de fadas. São Paulo, Companhia das Letras, 2020, p. 147.

"Then Snowball (for it was Snowball who was best at writing) took a brush between the two knuckles of his trotter, painted out MANOR FARM from the top bar of the gate and in its place painted ANIMAL FARM. This was to be the name of the farm from now onwards".

"Então, Bola-de-Neve (que era quem escrevia melhor) pegou o pincel entre as juntas da pata, apagou o nome GRANJA DO SOLAR do travessão superior e em seu lugar escreveu GRANJA DOS BICHOS. Seria esse o nome da granja daquele momento em diante". (Tradução: Heitor Aquino Ferreira.)

"Bola de Neve (que era quem escrevia melhor) pegou um pincel com uma pata dianteira, cobriu de tinta a inscrição FAZENDA DO SOLAR, na trave de cima da porteira, e por cima dela escreveu FAZENDA DOS ANIMAIS. Esse seria o nome do lugar doravante". (Tradução: Paulo Henriques Britto.)

Animal Farm não me parece ser uma fazenda tal como a entendemos no Brasil. Fazenda se refere a uma grande propriedade com vários trabalhadores e muitos animais, ou uma grande plantação, mas não é isso que vemos na "fazenda" de Orwell. Aliás a propriedade descrita no livro conta com pouquíssimos trabalhadores e parece bastante precária. Vale lembrar que *farm* pode ser traduzida também por sítio, quinta, campo, propriedade etc.

Paulo Rónai adverte para um dos problemas da tradução:

E os *sinônimos*, palavras de sentido idêntico ou quase idêntico? Eles representam outro tipo de emboscadas. Por não haver sinônimos perfeitos, eles não são permutáveis em todos os enunciados possíveis. *Pai* e *papai* são sinônimos, mas não se diz *Fulano de tal, papai de três filhos.* Quando a língua estrangeira apresenta

diversos sinônimos lá onde a sua própria língua lhe oferece apenas uma palavra, o tradutor não tem dificuldade; mas terá de ponderar a escolha de cada vez que para um termo estrangeiro existirem dois ou três equivalentes no seu idioma [...] Havendo abundância de sinônimos para determinada noção nas duas línguas, o bom tradutor procurará determinar o matiz, o sabor, a aura social daquele que figura no original para transportá-lo em sua língua.[111]

A propósito, *animal* também pode ser traduzido de diversas formas, mas o problema que se coloca não é o mesmo da tradução da palavra *farm*: traduzir *animal* por bicho ou animal depende mais de uma escolha sonora, de gosto pessoal, do que de uma conotação específica, como é o caso de *farm*.

Ferreira traduziu *Animal Farm* por "Granja dos Bichos", como se viu acima. Se esse fosse o título do livro, ouso especular, talvez os leitores pudessem relacionar a granja ficcional à Granja do Torto (uma das residências do presidente do Brasil, inaugurada em 1958), o que seria cômico, à revelia do tradutor, que era militar.

Mas, e a palavra revolução usada no título da tradução de Ferreira? Pen afirma não haver a palavra revolução/ *revolution* no livro. A palavra usada reiteradas vezes, de fato, é *rebellion*:

> *"That is my message to you, comrades: Rebellion! I do not know when that Rebellion will come, [...]".*

---

[111] RÓNAI, Paulo. *A tradução vivida*. Rio de Janeiro: José Olympio, 2012, p. 53- 54, grifo do autor.

"Esta é a mensagem que eu vos trago, camaradas: rebelião! Não sei dizer quando será esta revolução, [...]". (Tradução: Heitor Aquino Ferreira)

Esta é a minha mensagem para vocês, camaradas: Rebelião! Não sei quando virá essa Rebelião, [...]. (Tradução: Paulo Henriques Britto).

No entanto, *rebellion* também pode ser traduzida por revolução, ainda que não seja a primeira opção tradutória. Ferreira traduziu, como no exemplo acima, *rebellion* por rebelião e, logo em seguida, por revolução. Desse modo, o tradutor acaba endossando a sua escolha do uso "revolução" no título da tradução.

Cabe destacar que o texto de orelha da edição de 1946 de *Animal Farm*, publicada pela Harcourt Brace and Company, começa exatamente assim: "*The animals on Mr. Jones's farm stage a successful revolution [...]*", ou seja, "Os animais do sítio do Sr, Jones organizam uma revolução bem-sucedida".

Ocorre que a Companhia da Letras tem no seu catálogo a tradução de Ferreira. Talvez os editores tenham pensado que não valeria a pena fazer uma nova tradução e manter o título consagrado, mesmo mudando a capa do livro, pois os leitores iriam achar que era o mesmo texto em português. Os leitores frequentemente não se preocupam com o nome do tradutor, de modo que uma nova versão não bastaria para fazê-los comprar o livro.

Ainda que os leitores se preocupassem com o tradutor, cabe destacar que o nome dele não aparece na capa de *A revolução dos bichos*, assim como também não aparece na

capa de *A fazenda dos animais*. Renomear em português o romance foi uma espécie de pulo do gato (assim seguimos com a bicharada) da editora.

Traduzindo o teatro indígena

Uma das primeiras perguntas que faço quando começo a lecionar para uma nova turma no Curso de Artes Cênicas é a seguinte: "Onde nasceu o teatro?". A resposta é, na maioria das vezes, rápida e convicta: "Na Grécia". É claro que é uma provocação e a deixa de que preciso para citar um trecho de uma aula magna ministrada, em 1992, pelo escritor e professor da Universidade Federal de Pernambuco Ariano Suassuna: "Em qualquer manual de teatro escrito no Brasil, vão encontrar que o teatro no Brasil surgiu com os jesuítas, o teatro de Anchieta no século XVI. E encontra também que o teatro, em geral, nasceu na Grécia". Suassuna prossegue: "Ora, o que nasceu na Grécia foi o teatro grego! Acho uma coisa tão lógica, mas o pessoal bota: o teatro nasceu na Grécia. Quer dizer, o teatro brasileiro nasceu na Grécia, o início do teatro chinês foi o teatro grego? O teatro brasileiro, olhe aqui, o teatro brasileiro nasceu [..] aqui".[112]

É sobre a tradução desse teatro que vou me ater aqui. Lembro, contudo, que nas culturas indígenas não há separação entre música, dança, mito, pintura, religião, sociologia etc. Essa separação de elementos é uma questão dos nossos interesses e preconceitos, não dos deles. Desse modo, as palavras ou vocábulos nas culturas indígenas fazem parte de uma obra maior que pode continuar por horas, até mesmo

---

[112] SUASSUNA, Ariano. *Aula Magna*. João Pessoa: Editora Universitária João Pessoa, 1994, p. 38.

por dias. Como vou falar especificamente da tradução das palavras ou vocábulos que fazem parte dessa obra total, usarei a expressão "arte verbal" indígena, a qual tem sido adotada por estudiosos e pesquisadores como Pedro Cesarino e Jamille Pinheiro Dias.

Mas alguém pode chamar a atenção para o fato de que o texto dramático teria a mesma especificidade da arte verbal indígena, pois só se completa com a representação, ou seja, no palco. Diria que pode, mas não precisa. Tanto isso é verdade que tradutores de peças teatrais nem sempre pensam na montagem, mas tão somente no texto com o qual se deparam.

No caso da arte verbal indígena, como ela não se dissocia desses múltiplos elementos mencionados acima, ao tentar fazer a tradução ou se propor a interpretação de um elemento separado, perde-se a noção de obra total.

A tradução desses textos revela, então, apenas um elemento "significativo" deles, "frequentemente não mais do que uma 'linha' simples e isolada [...]. Mas na prática esta 'linha' será provavelmente repetida até que a sua carga tenha sido esgotada [...] Ela pode ser alterada foneticamente e as palavras podem ser distorcidas de suas formas 'normais'",[113] como diz Jerome Rothenberg.

Todos esses recursos criam um vazio cada vez maior entre o "original" e a tradução.

Em 2018, estive com a artista chilena Cecília Vicuña. Alguns de seus poemas e textos são oralizados em performances, em rituais ou cerimoniais, os quais, unidos, criam

---

[113] ROTHEMBERG, Jerome. *Etnopoesia do milênio.* Tradução: Luci Collin. Rio de Janeiro: Azougue Editorial, 2006, p. 24.

uma obra total, como apontada acima. Perguntei a ela como fica a tradução desses textos no papel. Onde fica o resto, aquilo que não se pode ler? Ela me respondeu: "'Onde está o resto?' é a pergunta mais importante neste momento".[114] Pedro Cesarino, ao descrever o processo de tradução de "*Yawa shõka* — canto para amansar os porcos do mato", esclarece previamente que

> esses cantos acompanham eventos que não acontecem dentro do corpo-maloca do xamã que os enuncia, mas sim em posições paralelas nas quais interagem as espíritas auxiliares Shoma e os demais agentes antagonistas (espíritos agressivos, por exemplo). Os *shõki*, de toda forma, são sempre construídos desde um ponto de vista de sobrevoo, isto é, aquele do xamã enunciador que acompanha e desenvolve a cena em seus versos, além de emitir os comandos direcionados aos agentes responsáveis pelas tarefas invisíveis.[115]

Quando Cesarino recolheu o canto, ele havia sido entoado durante o convalescimento de um jovem caçador:

> Enquanto o jovem era rezado, Antonio [Brasil Marubo], por sua vez, cantava outro *shõki* sozinho sobre um pote contendo fezes, pelos e pedaços de terra com os rastros das queixadas [...]. Ao final, o pote seria então pendurado na porta da maloca, a fim de atrair os porcos que, de fato, se aproximaram da aldeia em grande número no dia seguinte, rendendo uma farta caçada.[116]

---

[114] <https://anpoll.emnuvens.com.br/revista/article/view/1339/1070>
[115] CESARINO, Pedro de Niemeyer. Yawa Shõka: canto para amansar os porcos do mato (estudo e tradução). In: AMARANTE, D. W. do; GUERINI, A.; LIBRANDI, M. (org.). *As línguas da tradução*. Florianópolis: Cultura e Barbárie, 2022. p. 42.
[116] Ibidem, p. 43.

As palavras do canto traduzidas por Pedro Cesarino deixam de fora o rito de cura, a voz de quem o entoa e outros elementos que se unem a esses vocábulos.

Yawa Shõka, "Queixada soprocantada"[117]

Shoma kená

Chamado de Shoma

shoo... shoo... shoo...	
Avi ato pariki	São mesmo as primeiras
Mai wano shavovoã	Wano, mulheres da terra
Mai shosho karẽsho	Na relva da terra
Seteai Shomara	Shoma sentada está
Shoma rawe isĩai	Shoma que amansa
Seteai Shomara	Shoma ali sentada
Rawe rome eneki	Caldo de tabaco-manso
Ene yaniawai	Do caldo bebe
Seteai Shomara	Shoma ali sentada
Rawe rome ene	Caldo de tabaco-manso
Rawe rome weyai	Tabaco-manso assopra
Seteai Shomara	Shoma ali sentada

Na tradução de Cesarino, há uma série de notas em que ele procura sanar a lacuna que as palavras traduzidas são incapazes de fechar, pois "os *shõki* são compostos por metáforas compreensíveis apenas aos cantadores e especialistas rituais", como lembra o antropólogo.

Segundo Pierre Clastres, "o embaraço do tradutor provém mais da dificuldade de dominar o espírito que corre secretamente sob a tranquilidade da palavra".[118]

---

[117] As notas neste poema são de autoria de Pedro Cesarino.

[118] CLASTRES, Pierre. *A fala sagrada: mitos e cantos sagrados dos índios Guarani.* Tradução: Nícia Adan Bonatti. Campinas: Papirus, 1990, p. 17.

No tocante à tradução de cantos bororo, Sérgio Medeiros propôs uma recriação do "Canto de caça às antas", uma recriação, pois, segundo ele:

> não pude traduzir o variado vocabulário bororo, em especial a minuciosa enumeração dos diversos gaviões. Meu ponto de partida é a versão 'rústica' de César Albisetti e Ângelo Jayme Venturelli. Os cantos de caça e de pesca, convém lembrar, são entoados sempre na choupana central, na noite que precede uma caçada ou uma pescaria coletivas. Dessa cerimônia participam as mulheres da aldeia, que não então autorizadas a entrar na casa dos homens para louvar a beleza dos animais. Cada canto tem um chefe, o qual é, segundo os autores da *Enciclopédia bororo*, o indivíduo que inicia e guia o ritual, postando-se de pé e marcando o ritmo com um par de pequenos maracás. Outros índios reforçam o ritmo com um tamboril e instrumentos de sopro.[119]

Medeiros também se vale de um paratexto para contextualizar a sua tradução.

Toda tradução parece impor esse mesmo problema; contudo, na tradução da arte verbal indígena ele se multiplica, uma vez que, segundo a pesquisadora Jamille Pinheiro Dias, "é preciso evitar ao máximo os empobrecimentos na recepção da performance ritual pela escrita alfabética". É preciso também, diz Dias,

> tomar consciência de que muitas vezes se estará lidando com 'textos-fontes' que só se tornaram audíveis porque houve um árduo processo de aprendizado físico e intelectual, além de negociações com seres não humanos, donos dos cantos, espí-

---

[119] MEDEIROS, Sérgio. *O choro da aranha etc*. Rio de Janeiro: 7 Letras, 2013, p. 85.

ritos mestres de diferentes patamares do cosmos, como nos ensinam os especialistas indígenas da Amazônia[120]

Nesse processo, a ideia de autoria é outra, trata-se de uma autoria, de acordo com a pesquisadora, "de pessoa múltipla, cujo corpo deve ser ritualmente construído". Aliás, o "autor" dessas linhas pode ser também um dançarino, cantor, mágico, ou tudo o que o evento exija dele. Portanto, ele "domina uma série de técnicas que podem fundir as proposições aparentemente mais contraditórias",[121] como bem lembra Rothenberg.

A respeito da construção do corpo, diz Jamille Pinheiro Dias que, por exemplo, o "corpo marubo se dá sobretudo com a ingestão progressiva de agentes vegetais, conforme ocorre com o aprendizado de um canto de cura com o 'dono' da ayahuasca, o *Oni Shãko* ('Broto da Ayahuasca'), que é quem 'pensa (*chinã*) pelo xamã'". Assim, "a rede de relações a partir da qual se desdobra a enunciação de um canto é um indício importante de que a 'autoria' multivocal ameríndia se distancia da imagem do indivíduo criador que permeia grande parte de nosso repertório na literatura e em outras artes do Ocidente".[122]

Esses são apenas alguns dos pontos para os quais o tradutor da arte verbal indígena precisa ficar atento.

---

[120] DIAS, Jamille Pinheiro. "Traduzir a fisiopoiésis ameríndia".*In: As línguas da tradução*. p. 65.
[121] ROTHEMBERG, op. cit., p. 25.
[122] DIAS, op. cit..

Resistência e performance: traduzindo os poemas da artista chilena Cecilia Vicuña

Para a poeta, performer e artista plástica chilena Cecilia Vicuña o tradutor (e ela fala do tradutor de um modo bastante abrangente) é aquele que primeiro dá as boas-vindas aos estrangeiros e refugiados. Ele tem um papel político, pois, diz ela, o tradutor "entra numa escuridão" para trazer à luz o que ninguém quer ou pode ver. Por isso, diz a artista chilena, o tradutor é um subversivo porque constrói pontes para outras imaginações e outras identidades. O papel do tradutor é ser o "comunicador entre os mundos".[123]

Mas muitos países viram as costas para o tradutor, prossegue Vicuña, que cita como exemplo os Estados Unidos: "o país que menos lê tradutores no mundo. Porque é um país que está orientado a pensar somente nele mesmo, somente nos seus interesses. Na cultura do egoísmo o tradutor não tem lugar".[124]

Na escuridão que separa esses "dois mundos", de que fala a artista chilena, "há uma claridade por meio da qual nós sabemos ver e ouvir. Então nosso dever é prestar

---

[123] VICUÑA, Cecilia. Entrevista com Cecilia Vicuña. [Entrevista concedida a] Dirce Waltrick do Amarante. *Revista da Anpoll*, Florianópolis, v. 1, n. 50, p. 233-242, set./ dez. 2019, p. 235.
[124] Ibidem, p. 235.

atenção a essa claridade obscura que vive em nós como um conhecimento profundo, com o qual perdemos contato".[125] Muitas vezes, segundo Vicuña, o tradutor não vê a claridade na escuridão, mas, mesmo assim, ele a procura, e é essa procura que produz essa potencialidade de sentido que caracteriza a tradução. Ela explica essa potencialidade de sentido com uma citação de Clarice Lispector, que diz que "o pré-pensamento é o passado imediato do instante". Vicuña não considera essa citação uma metáfora; ela acredita que se trata de afirmação completamente real: "É uma observação de como o pensamento opera como pré-pensamento, antes das palavras, e é também o passado do instante".[126] Desse modo, ela conclui: "quando você pensa numa palavra, formulada como palavra, ela já é uma tradução desse espaço que está num pré-pensamento".[127]

Assim, o tradutor penetra na "escuridão" e, lá, ele está vendo e ouvindo o que não só o autor disse na página, mas o que "disse" num espaço entre o que está escrito e o que não está escrito. Cecilia Vicuña diz que esse espaço entre as dimensões do escrito e do não escrito é o espaço de criação e é "nele que está a possibilidade da tradução".[128] Tradução e criação caminham lado a lado na opinião de Vicuña. E, nesse sentido, ela parece dialogar com Haroldo de Campos e sua teoria da transcriação, a qual ele pôs em prática em suas traduções. Diz o poeta brasileiro: "Admitida a tese da impossibilidade em princípio da tradução de textos criativos,

---

[125] Ibidem, p. 234.
[126] Ibidem, p. 235
[127] Ibidem, p. 235.
[128] Ibidem, p.234.

parece-nos que esta engendra o corolário da possibilidade, também em princípio, da recriação desses textos".[129]

Essa "impossibilidade" de tradução, como afirma Astrid Guillaume, acontece porque

> o texto se apreende sob a forma do que é vivo na potência dinâmica; potência de dizer, de ler e de ser lido [...] um conjunto de relações feitas de contribuições constantes e de idas e vindas entre o dito e o por dizer, entre o entendido, aquilo que está por entender e aquilo que será efetivamente entendido [...]. O/A tradutor/a se torna, assim sendo, o instrumento inevitável de uma conciliação necessária, mas complexa e culpabilizante.[130]

Haroldo de Campos afirma: "o tradutor de poesia opera transgressivamente (em diversos graus)". Nem poderia ser diferente, pois ele se insere nesse espaço entre o escrito e o não escrito, em que muitos não se atrevem a entrar. A transgressividade é, então, uma característica positiva para o tradutor, pois ela permite a criação, sem a qual a tradução de poesia ou de textos inventivos não é possível. O tradutor, prossegue Haroldo de Campos,

> reconfigura, numa outra concretização imaginária, o imaginário do original, reimaginando-o por assim dizer. As expectativas do receptor e suas reações são também reformuladas, nessa copresença transgressiva de original e tradução, onde todo elemento recessivo corresponde (ou pode corresponder) a um elemento

---

[129] CAMPOS, Haroldo de. *Transcriação*. Organização de Marcelo Tápia e Thelma Médici Nóbrega. São Paulo: Perspectiva, 2013, p. 4.

[130] GUILAUME apud AMARANTE, Dirce Waltrick do; RODRÍGUEZ, Fedra, SANTOS, Sheila dos. *Teóricas da tradução*. Ilha do Desterro: Cultura e Barbárie, 2021, p. 269.

ostensivo, e vice-versa, do texto de partida ao de chegada numa perspectiva de segundo grau.[131]

Haroldo de Campos conclui que

o 'imaginário' do texto transcriado não pode ser deduzido simetricamente (ponto por ponto, termo a termo) do 'imaginário' do texto de partida. Guarda com respeito a este uma relação de assimetria [...]. O texto traduzido como um todo (como um ícone de relações intra-e-extratextuais), não denota, mas conota seu original; este, por seu turno, não denota, mas conota suas possíveis traduções.[132]

Lembrando que toda tradução pressupõe, obviamente, a leitura/interpretação prévia do texto. E, como lembra Cecilia Vicuña, "a tradução, ao lado do original, permite que o leitor crie uma terceira versão do texto, que é uma combinação dessas duas. Tradução é uma grande arte, porque é a arte da interação, é uma arte profunda da imaginação humana". Vale citar Paulo Rónai, o qual afirma que a tradução é arte, pois "O objetivo de toda arte não é algo impossível?[133]

O tradutor é aquele que também precisa "averiguar o divino", porque, como diz Vicuña, em seu livro Palavrar*mais*, as palavras contêm "uma pergunta e uma resposta ao mesmo tempo", elas contêm adivinhações: "adivinhar / é averiguar o divino".[134]

---

[131] CAMPOS, op. cit., p. 124.
[132] Ibidem, p. 124.
[133] RÓNAI, Paulo. *Escola de tradutores*. Rio de Janeiro: José Olympio, 2012, p. 17.
[134] VICUÑA, Cecilia. *PALAVRARmais*. Tradução: Ricardo Corona. Curitiba: Medusa, 2017, p. 41.

O tradutor precisa, a meu ver, averiguar o divino, adivinhar o que as palavras querem falar, pois, para a artista chilena, "as palavras desejam falar / e ouvi-las foi o primeiro a se fazer".[135] Sobre a palavra, lemos também que ela "coloca ao lado o conhecido e o por conhecer",[136] e é nesse entrelugar que se encontra o tradutor. Mais uma vez, voltamos à ideia do tradutor como um mediador entre dois mundos, uma espécie de xamã, que é mediador entre o mundo humano e o mundo dos espíritos, e que na cultura indígena desempenha um papel importante em todas as atividades da aldeia.

Cecilia Vicuña cita a poeta americana Barbara Guest, para quem "ternamente entre as linhas, as linhas sangram". O sangue, para a artista chilena, tem relação com a vida, com a menstruação: é "a força vital, o elixir que nos dá a vida, e que vive nas palavras, que vive nos poemas".[137] A tradução é como o sangue das linhas. A tradução nasce nesse "entre linhas" e dela surgem novas linhas.

Partindo dessas ideias de Cecilia Vicuña, me aventurei a propor a tradução de alguns poemas seus.

Um poema de Vicuña, de 1966, diz o seguinte:
A matéria-prima estava aí,
esperando ser vista
como uma forma de ouvir
um som interior

---

[135] Ibidem, p. 55.
[136] Ibidem, p. 89.
[137] VICUÑA, Cecilia. Entrevista com Cecilia Vicuña. [Entrevista concedida a] Dirce Waltrick do Amarante. *Revista da Anpoll*, Florianópolis, v. 1, n. 50, p. 233-242, set./ dez. 2019, p. 236.

que obriga a realizar
essa ou aquela união
uma pena inclinada
um troféu que voa.

Sua obra é também para se ouvir e ver. Além disso, Vicuña dialoga com a arte ameríndia; nela o sagrado, o mito e a oralidade ganham destaque.

Em um livro intitulado *Etnopoesia do milênio*, o poeta norte-americano Jerome Rothenberg lembra que na poesia ancestral "as palavras ou vocábulos fazem parte de uma 'obra' total maior que inclui música, dança, mito, pintura". A necessidade de separação dessas categorias é, segundo ele, "uma questão dos 'nossos' interesses e preconceitos".[138]

Para Rothenberg, esses poemas (que ele chama primitivos no sentido de virem primeiro) "são transmitidos pela voz & cantados ou entoados em situações específicas".[139]

Na arte de Vicuña, voz, canto, performance e vocábulos não se separam. Rosa Alcalá, que traduziu seus poemas, lembra que há muitos exemplos de poemas- performance no século XX e no século XXI; bastaria pensarmos em Kurt Schwitters e Augusto de Campos e sua poesia verbivocovisual. Contudo, em geral, diz Alcalá, com quem concordo, as leituras de poesia tendem a privilegiar o que foi escrito, de modo que quando são oralizadas apenas seguem o que já foi publicado em livro. Vicuña se aproxima desse espaço aberto por essas experiências vanguardistas anteriores; porém,

---

[138] ROTHENBERG, Jerome. *Etnopoesia no milênio*. Rio de Janeiro: Azougue Editorial, 2006, p. 23.
[139] Ibidem, p. 23.

muitas vezes, quando ela oraliza seus poemas e os reimagina, seja cantando, seja falando, ela os altera de tal forma que os poemas performatizados não são mais os impressos.[140]

Rosa Alcalá considera, por exemplo, as suas performances como obra definitiva, ainda que aqueles poemas que ela primeiro performatizou, ao serem colocados no papel, possam ficar bastante alterados.[141]

Vicuña chama de *"war zone"* esse espaço ambíguo entre as narrativas improvisadas e as previamente escritas, ou entre os poemas publicados e os poemas performatizados.[142]

Levando em consideração essas características do fazer poético de Cecilia Vicuña, o tradutor se pergunta: qual poema traduzir? O que foi performatizado ou o que foi impresso? Os performatizados, quando traduzidos para outra língua para serem impressos, poderão ficar reduzidos aos vocábulos apenas. O que fazer com o que foi excluído? "O que foi excluído" talvez seja a questão mais importante, diz a poeta.

Além das palavras que o tradutor transcreve, diferentes instituições também fazem o registro das ações de Cecilia Vicuña. Quando ela pode opinar, conforme ela mesma diz, costuma apontar o que gosta ou não. Mas lembra que são vários olhares sobre a obra e que "a performance só existe porque tem sempre outros olhares que são divergentes". Vale destacar a esse respeito um fato curioso: seu livro *Spit Temple* (2012), que ganhou o prêmio de melhor tradução em língua inglesa, apesar de Cecilia Vicuña ter dito tudo em

---

[140] VICUÑA, Cecilia. *New and Selected Poems of Cecilia Vicuña*. Edited and translated by Rosa Alcalá. Berkeley: Kelsey Street Press, 2018, p. 12-13.

[141] Ibidem, p. 13

[142] Ibidem, p. 14.

inglês, traz transcrições de suas performances orais feitas por Rosa Alcalá. A artista chilena chegou à conclusão de que quem transcreve as suas palavras é também de fato um tradutor. Então ela se pergunta: "O que é a tradução? É a transcrição das minhas palavras, como foram ouvidas por quem as transcreveu. Então o prêmio foi para ela, pois ela **olhou minhas palavras** (grifo meu). Não há uma tradução do espanhol para o inglês, senão do inglês para o inglês".[143]

Olhar para as palavras de Vicuña é um exercício de crítica inerente à tradução, como diria Haroldo de Campos, para quem

> a tradução é crítica do texto original na medida em que os elementos atualizados pelos novos 'atos ficcionais' de seleção e combinação citam os elementos ausentes; o original, por sua vez, passa a implicar as suas possíveis citações translatícias como parte constitutiva de seu horizonte de recepção ('a sobrevida' do original, o seu 'perviver', na terminologia de Walter Benjamin).[144]

Traduzir suas performances é, a meu ver, algo similar a traduzir poemas ameríndios, pois eles são também uma "obra total", que inclui dança, canto, fala... como mencionei anteriormente. Quando se traduz uma de suas performances para a página, como no caso do livro *Spit Temple*, que contém várias delas, traz-se necessariamente apenas uma parte do ritual.

A propósito, para Cecilia Vicuña a improvisação, no momento da performance, é também a tradução de um momento, a tradução do espaço temporal, porque se está traduzindo a situação política do momento.

[143] VICUÑA, 2019, p. 235.
[144] CAMPOS, op. cit., p. 124.

Ela conta que, no dia seguinte à eleição de Trump, realizou uma performance chamada *The Millionaires Coup*, não o golpe dos militares, mas o golpe dos milionários: "Quem era o autor? O autor era a tradução, que naquele momento foi realizada pelo sofrimento das pessoas que estavam assistindo".[145] Cecilia Vicuña talvez possa ser comparada a uma musa, tal como Adriana Cavarero define o termo em seu livro *Vozes plurais*. Cavarero lembra que a voz da musa

> é, contudo, inaudível para os comuns mortais. Para estes a Musa é muda. O público tem acesso a seu canto somente pela mediação da voz do poeta ou do rapsodo. O mudo canto divino torna-se sonoro em voz humana. Para o público da épica, o poeta é a forma audível do inaudível, é a voz sonora da Musa muda.[146]

Não é disso que fala Vicuña quando se refere ao tradutor como aquele que irá averiguar o divino? Ou quando fala que o tradutor tem que acessar a escuridão para resgatar a claridade? Além disso, o tradutor, para a artista chilena, seria como o poeta ou o rapsodo, é aquele que ouve a musa e torna sua voz sonora para os demais.

Cavarero afirma que, embora o relato da musa seja o *"relato absoluto"* [grifo da autora], nenhum ouvido humano pode suportá-lo. Mas o poeta, o rapsodo e também o tradutor mantêm com a Musa uma relação privilegiada que "consiste no poder sobre-humano de ouvir o relato absoluto para fazer depois um segundo relato, necessariamente parcial e incompleto, mas humanamente audível".[147]

---

[145] VICUÑA, 2019, p. 235.
[146] CAVARERO, Adriana. *Vozes plurais*: filosofia da expressão vocal. Tradução: Flavio Terrigno Barbeitas. Belo Horizonte: Editora da UFMG, 2011, p. 118.
[147] Ibidem, p. 119.

Vale lembrar que o poeta (tal como o tradutor) "não narra o que viu — ele é cego —, mas sim aquilo que a Musa lhe contou".[148]

Além do corpo, da voz, das palavras, Cecilia Vicuña também trabalha com os quipos em suas exposições de artes plásticas. Os quipos são uma forma de escrita, no sentido amplo, usados pelos incas ainda na atualidade. São cordões feitos de algodão ou de lã de lhama ou alpaca, cujas texturas, cores e nós variam. Os quipos carregam diferentes informações e registros. Alguns poemas de Cecilia Vicuña retomam os quipos ao se referiram às palavras como fios e à linguagem como um tear.

Por fim, destaco que Cecilia Vicuña é também tradutora: em 2002, publicou um livro intitulado *Instan*, que, segundo ela, é "a tradução de uma palavra, *instan*". Ela diz:

> Demorei sete anos para traduzir ou compreender essa palavra, porque é uma palavra que não existe nem em espanhol nem em inglês, mas ela é legível nos dois idiomas, uma vez que existe esse estado intermediário.
>
> A primeira tradução saiu toda na forma de desenhos. Depois fiz esta outra tradução. Tudo que está aqui está dentro dessa palavra; então é como *palavrarmais*.
>
> À medida que ia fazendo os desenhos, também ia escrevendo o poema que está aqui. Esse poema tem várias páginas, e é o mesmo poema que está escrito aqui em desenhos. Por fim, depois de escrever o poema, escrevi um ensaio. Tudo é a mesma coisa: a palavra foi traduzida em poema, em desenho e em ensaio.[149]

---

[148] Ibidem, p. 120.
[149] VICUÑA, Cecilia. Entrevista com Cecilia Vicuña. [Entrevista concedida a] Dirce Waltrick do Amarante. *Revista da Anpoll*, Florianópolis, v. 1, n. 50, p. 233-242, set./ dez. 2019, p. 236.

A crítica da tradução nas mídias comerciais

Esta reflexão é uma exposição da minha experiência como resenhista de livros para jornais e revistas comerciais brasileiros, atividade a que venho me dedicando há alguns anos, e também como leitora de resenhas. Em geral, o resenhista tem plena liberdade de escrever o que quiser sobre a obra. No meu caso, parece-me mais interessante e útil escrever sobre o autor e sobre a obra em si do que sobre a tradução do livro para a nossa língua. De que adianta, pergunto-me, falar de detalhes da tradução quando nem sequer se conhece a obra e o autor?

Livros de ficção, mais especificamente, são lançados para alcançar todo tipo de leitor, dos estudiosos aos leitores de um modo geral. Livros técnicos, resenhados para jornais e revistas, também não devem ficar restritos a um público especializado. Diria, portanto, que o resenhista precisa ter um discurso amplo, que possa chegar a diferentes leitores. Elucubrações teóricas e citações complicadas deveriam ficar para teses acadêmicas. Nessas mídias, apresenta-se o livro e fala-se sobre a sua importância ou não dentro do contexto literário. O leitor, imagino, quer saber o que vai ler e por que deve fazê-lo. Cabe ao resenhista dar pistas sobre a obra que possam instigá-lo a buscar o texto e tirar as suas próprias conclusões.

Convém sempre lembrar que o resenhista é antes de mais nada um leitor, mais um leitor.

Voltemos à resenha de livros traduzidos: por que não falar do livro e também de sua tradução? Porque não há, em jornais e revistas comerciais, nem tempo nem espaço para uma discussão tão ampla. O que acontece, quando se quer falar desses dois aspectos, é que ambas as análises ficam extremamente superficiais.

Na grande maioria das vezes, o resenhista tem poucas semanas para escrever seu texto. Nesse período, ele lerá a tradução e falará do livro com base nela. Raramente o resenhista terá tempo hábil para cotejar o texto de partida com o texto de chegada. Aliás, a não ser que o livro seja bilíngue, o resenhista não receberá o texto de partida para elaborar a sua resenha.

O fato é que a tradução, muitas vezes, nessas mídias, entra num vácuo em que é tratada como texto "original", mantendo-se o nome do tradutor apenas na ficha do livro analisado ou, quando muito, mencionando-o no início da resenha.

Há casos excepcionais em que o tradutor ganha *status* de autor do livro (e não da tradução). Ainda assim, o que se vê são menções elogiosas à tradução com o uso de adjetivos como excelente, exemplar, ótima, sem que nenhuma análise de fato tenha sido feita. Devo esclarecer que eu mesma já usei alguns desses adjetivos, mas somente para traduções que, segundo o meu entendimento, recriam de forma magistral aspectos singulares do texto.

A propósito, também costumo falar da tradução quando entendo que ela cria um mal-entendido que irá prejudicar a leitura do "original".

Acredito que se deveria sempre discutir os limites e os ganhos de uma tradução, mas, como disse acima, nas mídias comercias, não temos espaço para uma discussão como essa; quando muito, apontamos aqui e ali alguns poucos aspectos da tradução que nunca darão a real dimensão do trabalho tradutório.

Diria, aliás, que é muito difícil selecionar um fragmento para ser citado. No entanto, é justamente um fragmento de uma tradução que geralmente será discutido num texto para jornal e revista comercial.

Na minha opinião, ao resenhista não caberia apresentar um juízo de valor acerca da tradução, ou seja, afirmar categoricamente se essa tradução é boa ou ruim, porque ele não dispõe, por tudo o que já disse, de dados analíticos exaustivos que o autorizem a fazer isso.

Uma tradução pode ter deslizes. Sou capaz de afirmar que a grande maioria delas os tem e, aqui, faço o *mea-culpa* enquanto tradutora. Mas não se pode, contudo, confundir um deslize com uma opção do tradutor.

Uma tradução de textos inventivos é também inventiva, e cada invenção do tradutor instigará o leitor e o fará, muitas vezes, ir ao original e buscar ele mesmo a sua própria solução, que pode ser até melhor do que aquela apresentada pelo tradutor. Por que não?

Acho importante que textos inventivos, ou poéticos, venham sempre acompanhados do texto de partida. Sei,

no entanto, que isso muitas vezes é inviável. E talvez eu só sinta essa necessidade depois de ter me tornado estudiosa da literatura, da tradução e tradutora. Confesso que durante muitos anos fui uma leitora amadora e, como tal, jamais me preocupei em conferir a tradução com o texto de partida. Bem, para mencionar um exemplo de edição bilíngue muito corajosa, temos a de *Finnegans Wake*, de James Joyce, na tradução de Donaldo Schüler. O texto de partida ao lado do texto de chegada facilita a ida curiosa do leitor às invenções linguísticas de Joyce para compará-las às invenções de Schüler.

A propósito da tradução do *Wake*, ela continua sendo discutida até hoje, talvez pela particularidade do exercício tradutório e também por ela não ter sido monumentalizada; muito pelo contrário, instigou e instiga uma série de questionamentos que resultam na aproximação dos leitores ao texto joyciano.

Aliás, monumentalizar uma tradução pode acabar levando o tradutor a acreditar que ele é na verdade o autor do livro. Esse mal-entendido leva, muitas vezes, o tradutor a tomar liberdades e a falar no lugar do autor. Isso acaba, diria, prejudicando a precisão de sua tradução. É como se o tradutor e sua tradução estivessem cobertos por uma camada de azeite, para usar a imagem de Musil, sobre a qual nada penetra.

Analisar pequenos fragmentos de tradução requer habilidade, conhecimento e sensibilidade do crítico; caso contrário, ele pode dar uma ideia errônea do conjunto da

tradução de forma leviana ao analisar ou ressaltar apenas um detalhe como se este pudesse falar pelo todo. Vejamos agora um exemplo muito eloquente disso.

Em 21 de abril de 2012, Gerald Thomas escreveu sobre a tradução de *Companhia e outros textos*, de Samuel Beckett, na tradução de Ana Helena Souza, para o jornal *Folha de S. Paulo*.

O texto de Gerald Thomas me pareceu equivocado, justamente por ele não ter tido sensibilidade literária ao analisar fragmentos da tradução e ao apresentar o livro aos leitores. Ao analisar a tradução do livro a partir de fragmentos, Thomas esquece de mencionar que o volume vem acompanhado de notas de tradução, em que a tradutora explica alguns de seus procedimentos.

Vejamos uma primeira afirmação do autor: "Como traduzir a linguagem imaginada? Parece dificílimo traduzir sons ou sílabas cantantes, mas, dependendo do autor, não é. Em se tratando de Samuel Beckett, a coisa é mais fácil e menos pretensiosa do que possa parecer".[150]

E prossegue:

> [...] Para entrar na literatura de Beckett, é preciso entrar no seu campo sensorial, na fluência da rima e dos sons, como se fosse uma sonata ou um solo de *jazz*. Sons puros, desprovidos de preposições, palavras inusitadas que interrompem frases e pensamentos como atonalidades invadindo uma das fugas de Bach — mais tarde em sua obra, ele as cortaria por total. Cortaria os obstáculos que impedissem a nossa chegada rápida ao

---

[150] THOMAS, Gerald. Apesar da tradução imprecisa, livro de Beckett é obrigatório. *Folha de S.Paulo*, 21 abr. 212. Disponível em: <http://www1.folha.uol.com.br/fsp/ilustrada/38322-apesar-da-traducao-imprecisa-livro-de-beckett-e-obrigatorio.shtml>.

escuro cranial do autor. E o que restou foi o pensamento limpo, o solo seco, a imagem de um esboço sem retoques. Não se trata somente de manter a linguagem limpa; cabe ao tradutor não complicá-la com sílabas e consoantes que não se encaixam.[151]

Afirma ainda que:
"O tradutor tem que ser um fonoaudiólogo quando lida com Beckett. Além do mais, tem que ser alguém apaixonado por onomatopeias".[152]

Obviamente parece-me uma ironia afirmar que é fácil traduzir um autor que necessita de habilidades especiais do tradutor, como o fato de ser fonoaudiólogo. Nem toda tradução requer tanto rigor assim.

Thomas continua sua análise afirmando que:

A maior dificuldade que se encontra ao traduzir Beckett é a palavra *on*, recorrente obsessivamente em sua obra, desde o início. Ela significa tudo, desde 'aceso' até 'continue' ou 'em cima de'. E quando Beckett usa um *on*, é fácil colocar no papel uma palavra como 'avante'; claro, a tradução francesa ou a espanhola deve usar '*avant*' ou '*adelante*'.Está aí um dos muitos erros da tradutora. Não pretendo aqui corrigi-la nem conceber uma nova versão do livro. Mas um simples 'vá' ou 'vamos lá' responderia muito melhor ao *on*. Lembro-me de, numa de muitas conversas com o autor, com quem convivi por seis anos, ter falado em usar o "*on*" como — talvez — 'abrir'. Serve para olhos e luz. Não serve, contudo, para 'continuar'. Sim, é difícil. Já que Samuel Beckett escreve prosa como se fosse dramaturgo, e peças como um romancista, o 'on' tem que ser 'transcriado' mais do que traduzido. "Não posso continuar. Continuo.[153]

[151] Ibidem.
[152] Ibidem.
[153] Ibidem.

Bem, aqui o *on*, que Thomas diz que responderia melhor por "vá" ou "vamos lá", é traduzido por ele mesmo por continuar. De fato, a palavra é difícil de traduzir; primeiro, porque é um *leitmotiv* repetido ao longo de todo o texto, que exige um cuidado especial na sua tradução para uma outra língua. O fato de Ana Helena ter optado em traduzir *on* por um "avante" não significa que sua tradução seja malfeita ou imprecisa, certa ou errada, apenas demonstra uma opção tradutória entre tantas.

Nas notas de tradução, que deveriam ter sido levadas em conta na mencionada resenha, a tradutora afirma que sua tradução só foi possível "não só pela aceitação das perdas, mas também pelas compensações de que o desejo de traduzir se alimenta".[154]

Talvez Gerald Thomas pudesse fazer melhor ou pudesse falhar melhor, talvez ele devesse propor sua própria tradução. Ou talvez ele devesse simplesmente incluir na sua resenha os ganhos da tradução brasileira de Beckett... Ganhos sempre existem!

Por fim, Thomas afirma, assim sem maiores explicações, que "algumas obras não deveriam ser traduzidas. Exemplo dessas são 'Faust', de Goethe, e 'Finnegan's Wake' [*sic*], de James Joyce".

Partindo dessa premissa, diria que nenhum poema e nenhuma obra experimental poderiam ser traduzidos. Passemos, então, nós leitores, a estudar outras línguas com urgência.

Gerald Thomas se pergunta: "Como traduzir algo que não é linguagem escrita ou falada, e sim imaginada?".

---

[154] BECKETT, Samuel. *Companhia e outros textos*. Tradução de Ana Helena Souza. São Paulo: Globo, 2012, p. 24.

Recriando, diria, como propunha Haroldo de Campos, que era ele mesmo um grande recriador.

Em seguida, contudo, Thomas responde ao seu questionamento. Ele diz: "Em 'Finnegan's Wake' [*sic*], já a partir do título, o autor nos vem com 'acordar', 'acordar no fim' ou 'funeral, funeral do fim', ou o 'acordar da barbatana', ou o velório da 'barbatana' que acorda. Haroldo e Augusto de Campos conseguiram traduzir trechos no 'Panaroma', aproximando e 'transcriando' a linguagem de Joyce".

É interessante pensar que Gerald Thomas, tão apegado a palavras singulares como *on*, não tenha se dado conta de que Augusto e Haroldo de Campos transformaram o ômega de Joyce ("O", mandala e "água" (*eau*) em francês) em um coloquial "Ah", palavra que abre o capítulo VIII do romance de Joyce, o qual fala justamente sobre as águas dos rios.

Mas também não é por causa da escolha dessa partícula que se irá desmerecer a tradução dos irmãos Campos, a quem devemos muito, pois sempre foram pioneiros em traduções de textos capciosos de grandes vanguardistas. Ser o pioneiro é sempre um ato de coragem e desbravamento, de abertura de caminhos para trabalhos seguintes. Com esse exemplo, apenas se quer demonstrar que há escolhas questionáveis em todas as traduções.

Voltando à resenha de Gerald Thomas, ele a finaliza com um juízo de valor: "Com Beckett a coisa se agrava, pois, além de romancista, é o maior dramaturgo do século 20. Então, existe a fala falada, a fala oprimida pela mente que a pensa — e a censura do ouvido".

Um último exemplo, agora fora do universo de Joyce e Beckett, de como a tradução pode ser tratada nas mídias comerciais: no programa Globo News Literatura, de 2015, em homenagem aos 150 anos de *Alice no País das Maravilhas*, os editores destacaram a tradução de *The Nursery Alice*, de Lewis Carroll, assinada por Marina Colasanti, sob o título, *A pequena Alice no País das Maravilhas*, mas omitiram a informação de que essa tradução foi feita a partir de uma tradução francesa e não da tradução do texto de partida, em inglês. Aliás, o título em francês é *Petite Alice aux Merveilles*, de onde partiu o título em português. Nesse programa, nem sequer perguntaram à tradutora o porquê da escolha do texto em francês e não do texto em inglês do próprio Carroll. Isso demostra que, muitas vezes, as traduções são temas secundários nessas mídias.[155]

Bem, de fato, as análises de traduções têm ficado, em geral, restritas às revistas acadêmicas especializadas. Lá se tem espaço para discutir de forma abrangente um texto traduzido, sem precisar cair na armadilha de frases fáceis e pouco úteis ao leitor. Aliás, a teoria da tradução tem servido para estimular a análise comparativa das muitas facetas do texto de partida e do texto de chegada. E essas facetas demostram a riqueza e a amplitude do trabalho tradutório e de sua particularidade, que é, a meu ver, a de nunca ser conclusivo ou definitivo. Por isso a boa tradução é muito estimulante, tanto no plano intelectual quanto no estético.

[155] Disponível em: <http://globosatplay.globo.com/globonews/v/4314547/>

Tradução de *Ulisses* no Brasil

Considera-se uma proeza traduzir o romance. Mas, no Brasil, há um fenômeno raro: três traduções integrais de *Ulisses* estão disponíveis. A primeira, de 1966, é de autoria de Antonio Houaiss; a segunda, de 2005, de Bernardina Pinheiro; e a terceira, de 2012, de Caetano Galindo. Sobre a recepção dessas traduções do romance, cabe lembrar que Houaiss não ganhou o Prêmio Jabuti, nem poderia, porque, na época, não existia a categoria tradução. Em 2006, Bernardina ficou em terceiro lugar na mesma premiação, atrás das traduções assinadas por Mamede Jarouche (*Livro das mil e uma noites*) e Alípio Correia de Franca Neto (*A balada do velho marinheiro*, de Samuel Taylor Coleridge). Em 2013, a tradução de Galindo venceu não só o Jabuti (deixando para trás Jarouche, com a tradução do quarto volume do *Livro das mil e uma noites*), como também obteve outras premiações em território nacional.

O fato é que Bernardina parece, ainda hoje, uma tradutora à sombra dos dois outros tradutores de *Ulisses*. Boa parte dos críticos costuma afirmar que Bernardina "enfraqueceu" o romance, ao torná-lo coloquial demais. Pergunto: o que embasa esse julgamento de valor? A análise de um capítulo específico do romance? Sobre o coloquialismo da tradutora, Ivo Barroso, sério e competente tradutor, ressalta que ele "procura estar a passo com o linguajar atual. Isso não quer dizer que a obra se tenha tornado menos complexa, mais

compreensível". O certo é que, nas três traduções brasileiras, há ganhos e perdas; todas têm momentos inspiradíssimos e momentos em que os tradutores ficaram tímidos diante da força da imagem joyciana. Esses altos e baixos, a propósito, não são "privilégio" apenas das traduções de *Ulisses*; podemos encontrá-los em qualquer trabalho sério de tradução. Em geral, é difícil avaliar objetivamente, entre inúmeras possibilidades de tradução de um texto — sim, há inúmeras possibilidades de ler/interpretar o original —, qual é a melhor. Veja-se a tradução do seguinte fragmento de *Ulisses*:

"*Father Coffey. I knew his name was like a coffin. Dominenamine. Bully about the muzzle he looks. Bosses the show. Muscular christian, Woe betide anyone that looks crooked at him: priest*".

"Padre Paixão. Eu sabia que seu nome era como caixão. Domine-namine. Um garfo respeitável ele parece. Dono do espetáculo. Cristão muscular. Ai de quem lhe parece salafrário: sacerdote". (Tradução de Antonio Houaiss.)

"Padre Coffey. Eu sabia que o nome dele era como um esquife. Dominenamine. Ele tem a aparência de um focinho grande e compacto demais. Controla o espetáculo. Cristão musculoso. Maldito seja aquele que olhe atravessado para ele: padre". (Tradução de Bernardina Pinheiro.)

"Padre Coffey. *Coffin*. Sabia que o nome dele era que nem um caixão. *Domine-namine*. Tem uma fuça carazuda ele. Comanda o espetáculo. Cristão vigoroso. Ai do coitadinho que olhar torto para ele: padre". (Tradução de Caetano Galindo.)

Temos, nesses exemplos, três traduções diferentes para *Bully about the muzzle he looks*, e, como tradutora de Joyce, eu poderia sugerir uma quarta: "Valentão de focinheira ele parece".

Uma vez me perguntaram: "Qual tradução de *Ulisses* devo ler?" Eu não soube responder. As três traduções se encontram, à primeira vista, no mesmo patamar de qualidade, justamente pelos motivos que expus acima. Portanto, é curioso que a tradução da Bernardina, na história da tradução de *Ulisses* no Brasil, tenha ficado em terceiro plano. As mulheres são, a propósito, a categoria de tradutores menos prestigiada pelo Prêmio Jabuti até hoje.

Quantos leram o romance em inglês e quantos leram as três traduções em nossa língua para chegar à conclusão de que a dela não é tão meritória quanto as demais? Por meio de breves exemplos pode-se demonstrar que as três traduções para o português são muito diferentes entre si e que, na verdade, a escolha de uma em detrimento da outra, ou das outras, é mais uma questão de gosto ou de simpatia pelo tradutor. Se quisermos precisão absoluta, teríamos de começar lendo, a meu ver, todo o romance em inglês, mas aí verificaríamos que a tradução é sempre uma miragem, ou seja, o texto de partida está e não está lá.

Cito mais exemplos instrutivos das traduções para o português:

"— *But my riddle! he said. What opera is like a railway line?*
Opera? Mr O'Madden Burke's sphinx face reriddled.
Lenehan announced gladly:
— *The Rose of Castille. See the wheeze? Rows of cast steel. Gee!*"

127

"— Mas a minha charada! — dizia. — Que ópera é vegetal e mineral?

— Ópera? — a face esfíngética do senhor O'Madden Burke sobrecharadava.

Lenehan anunciou contente:

— Palhaço. Pegaram a piada? Palha e aço. Fiu!". (Tradução de Antonio Houaiss.)

"— Mas a minha charada! — disse. — Que ópera é ao mesmo tempo um instrumento musical e um animal?

— Ópera? — O rosto esfíngico do Sr. O'Madden Burke recharadou.

— Lenehan anunciou alegremente.

— Violanta. Viram a piada? Viola e anta. Puxa!". (Tradução de Bernardina Pinheiro.)

"— Mas o meu enigma! ele disse. Que ópera é casada com o arroz do castelo?

— Ópera? reenigmou o rosto esfíngico do senhor O'Madden Burke.

Lenehan anunciou contente:

— A Rosa de Castela. Viram a graça? Arroza de castela. A-ha!". (Tradução de Caetano Galindo.)

As três traduções trazem soluções igualmente inventivas. Difícil escolher qual a melhor. Aliás, será que há necessidade de fazer essa escolha e transformá-la num juízo de valor definitivo?

Ulisses é considerado por alguns estudiosos como um livro "machista", ou, pelo menos, um que recria o ambiente de uma cidade, Dublin, que poderia ser considerada como tal em 1904. O romance foi escrito entre o final dos anos

1910 e início de 1920, e sua história se passa no início do século XX. Em *Ulisses*, os homens tomam as decisões, são eles que exploram a cidade, que decidem o que será lido e discutido; afinal, são eles que trabalham na redação do jornal descrita por Joyce no sétimo capítulo. As mulheres, quando aparecem na história, servem para desencaminhá-los, como se verifica no capítulo quinze, que transcorre num bordel; ou para divagarem sem sair do lugar, como Molly Bloom, que passa o dia na cama e encerra o livro com um fluxo de consciência, que talvez de prático não tenha quase nada.

Quando se fala de mulheres e literatura, como no nono capítulo, é para lembrar de mulheres, como Anne Hathaway, mulher de Shakespeare, pois "parece que nos esquecemos dela como Shakespeare ele próprio a esqueceu" (trad. de Bernardina Pinheiro). O clima masculino do romance de Joyce é recriado de forma eloquente neste outro fragmento traduzido por Bernardina: "[...] Ó ela não se importava se aquela era a natureza dela o que ela podia fazer além disso com certeza eles não são suficientemente cruéis para enforcar uma mulher são [...]".

Se refletirmos sobre a recepção da tradução feita por Bernardina, talvez se constate que, quase um século depois, ainda vivemos no mundo descrito por Joyce em *Ulisses*. As redações dos jornais, o mundo das letras, das artes etc. ainda estão repletos de Myles Crawford, J. J. O'Molloy, Leopold Bloom, O'Madden Burke, e são eles que continuam decidindo, na grande maioria das vezes, sobre o que se vai falar, o que se vai destacar (com frequência, o trabalho dos homens) etc. As mulheres participam desse mundo em

menor número e ainda parecem seguir as regras dos seus superiores masculinos.

O dia de Bloom poderia ser também o dia de Molly Bloom (o "herói" volta para os braços dela), e, no Brasil, de colocar em cena novamente a tradução da Bernardina Pinheiro e de tirar Molly da cama, sem precisar, obviamente, envenenar ninguém, como o fez a "Sra. Maybrick que envenenou o marido para quê eu me pergunto [...]" (trad. de Bernardina Pinheiro). A tradução de Bernardina acrescenta um aroma variado ao texto e aos "odores de homens. Cusparada na serragem, fumaça de cigarro adocicado aquecido, cheiro desagradável de fumo, cerveja derramada, xixi acervejado dos homens, a urina da levedura", como se lê em *Ulisses*, na sua versão.

Sobre a autora

Dirce Waltrick do Amarante é tradutora, ensaísta e escritora. Traduziu, entre outros, James Joyce, Edward Lear, Eugène Ionesco, Leonora Carrignton e Cecilia Vicuña. É professora do Curso de Artes Cênicas e do Programa de Pós-Graduação em Estudos da Tradução na Universidade Federal de Santa Catarina.

CADASTRO
ILUMI//URAS

Para receber informações
sobre nossos lançamentos e
promoções envie e-mail para:

cadastro@iluminuras.com.br

Este livro foi composto em Minion pela *Iluminuras* e
terminou de ser impresso nas oficinas da *Meta Brasil
Gráfica*, em São Paulo, sobre papel off-white 80 gramas.